Das geteilte Eigentum
im 19. und 20. Jahrhundert

Rechtshistorische Reihe

Band 198

Peter Lang
Frankfurt am Main · Berlin · Bern · New York · Paris · Wien

Frank Martin Krauss

Das geteilte Eigentum im 19. und 20. Jahrhundert

Eine Untersuchung zum Fortbestand des Teilungsgedankens

Peter Lang
Europäischer Verlag der Wissenschaften

Die Deutsche Bibliothek - CIP-Einheitsaufnahme

Krauss, Frank Martin:

Das geteilte Eigentum im 19. und 20. Jahrhundert : eine Untersuchung zum Fortbestand des Teilungsgedankens / Frank Martin Krauss. - Frankfurt am Main ; Berlin ; Bern ; New York ; Paris ; Wien : Lang, 1999
(Rechtshistorische Reihe ; Bd. 198)
Zugl.: Tübingen, Univ., Diss., 1999
ISBN 3-631-34722-7

Die vorliegende Arbeit wurde von
Prof. Dr. Jan Schröder zur Aufnahme
in die Reihe empfohlen.

D 21
ISSN 0344-290X
ISBN 3-631-34722-7

Meinen Eltern

und

meiner Frau Verena

Vorwort

Die vorliegende Arbeit wurde im Sommersemester 1998 von der Juristischen Fakultät der Eberhard-Karls-Universität Tübingen als Dissertation angenommen.
Es ist mir ein Bedürfnis, Herrn Prof. Dr. Jan Schröder, der die Dissertation betreut hat, für Anregung und vielseitige Förderung zu danken. Herr Prof. Dr. Schröder hat mir weit über meine Mitarbeit an seinem Lehrstuhl hinaus großzügige Unterstützung gewährt, ohne die ein Zustandekommen dieser Arbeit neben meinem Beruf kaum möglich gewesen wäre.
Herrn Prof. Dr. Dr. h.c. Knut Wolfgang Nörr danke ich für die zügige Erstattung des Zweitgutachtens.
Danken möchte ich ferner allen, die zum Entstehen der Arbeit beigetragen haben.

Tübingen, im Januar 1999

Frank Martin Krauss

Inhaltsverzeichnis

Abkürzungsverzeichnis

aA	anderer Ansicht
aaO	am angegebenen Ort
ABGB	Allgemeines Bürgerliches Gesetzbuch für Österreich v. 1811
Abt.	Abteilung
AcP	Archiv für die civilistische Praxis
AK	Kommentar zum Bürgerlichen Gesetzbuch. Reihe Alternativkommentare
ALR	Allgemeines Landrecht für die preußischen Staaten v. 1794
BB	Der Betriebs-Berater
Bd.	Band
BGB	Bürgerliches Gesetzbuch v. 18.8.1896, RGBl. 195
BGBl.	Bundesgesetzblatt
BGH	Bundesgerichtshof
BGHZ	Entscheidungen des Bundesgerichtshofs in Zivilsachen
BVerfG	Bundesverfassungsgericht
BverfGE	Entscheidungen des Bundesverfassungsgerichts
DNotZ	Deutsche Notar-Zeitschrift
DWW	Deutsche Wohnungswirtschaft
EGBGB	Einführungsgesetz zum Bürgerlichen Gesetzbuch v. 18.8.1896, RGBl. 604, BGBl. III 4 Nr. 400-1
ErbbauVO	Verordnung über das Erbbaurecht v. 15.1.1919, RGBl. 72, BGBl. III 4 Nr. 403-6
GG	Grundgesetz für die Bundesrepublik Deutschland v. 23.5.1949, BGBl. 1
h. M.	herrschende Meinung
HRG	Handwörterbuch zur deutschen Rechtsgeschichte
HRR	Höchstrichterliche Rechtsprechung
i. d. F. v.	in der Fassung von
i. S. v.	im Sinne von
JR	Juristische Rundschau
Jura	Juristische Ausbildung

JuS	Juristische Schulung
JW	Juristische Wochenschrift
JZ	Juristenzeitung
KO	Konkursordnung i.d.F. v. 20.5.1898, RGBl. 369
LG	Landgericht
LV Bbg	Verfassung des Landes Brandenburg
MDR	Monatschrift für Deutsches Recht
MSchG	Mieterschutzgesetz
MünchKomm	Münchener Kommentar zum Bürgerlichen Gesetzbuch
m. w. N.	mit weiteren Nachweisen
NJW	Neue Juristische Wochenschrift
NJW-RR	NJW-Rechtsprechungs-Report Zivilrecht
OLG	Oberlandesgericht
RGBl.	Reichsgesetzblatt
RGRK	Das Bürgerliche Gesetzbuch (Reichsgerichtsrätekommentar)
RGZ	Entscheidungen des Reichsgerichts in Zivilsachen
RMietG	Reichsmietengesetz
Rz.	Randziffer
SeuffA	Seufferts Archiv für Entscheidungen der obersten Gerichte in den deutschen Staaten
WEG	Wohnungseigentumsgesetz v. 15.3.1951, BGBl. I 175, BGBl. III 4 Nr. 403
WM	Wohnungswirtschaft und Mietrecht
WRV	Verfassung des Deutschen Reichs (Weimarer Reichsverfassung) v. 11.8.1919, RGBl. 1383
ZPO	Zivilprozeßordnung v. 30.1.1877, RGBl. 83
ZVG	Gesetz über die Zwangsversteigerung und die Zwangsverwaltung (Zwangsversteigerungsgesetz) i. d. F. v. 20.5.1898, RGBl. 369

Einleitung

Bei dem geteilten Eigentum handelt es sich um ein Rechtsinstitut, das über einen Zeitraum von nahezu fünf Jahrhunderten im deutschen Sachenrecht fest verankert war und in ihm eine bedeutsame Rolle gespielt hat.

Das geteilte Eigentum wurde von den Glossatoren und Kommentatoren mit der Prägung des Begriffs des dominium utile konzipiert und fand seine volle Ausbildung durch die Rezeption dieses Begriffs in Deutschland, wo er auf die verschiedenartig abgestuften Herrschaftsrechte des mittelalterlichen deutschen Rechts angewandt wurde. Es entstand die Theorie vom geteilten Eigentum, welche von den großen Kodifikationen des späten Naturrechts aufgenommen wurde. Nach der ganz herrschenden Meinung im rechtshistorischen Schrifttum verschwand die Bedeutung des geteilten Eigentums vollständig, nachdem es von der Doktrin der historischen Rechtsschule unter der Federführung Thibauts als Mißverständnis des römischen Rechts verworfen worden war.

Diese für das Verständnis der Figur des geteilten Eigentums unverzichtbare Entwicklung wird sogleich in einem geschichtlichen Abriß näher skizziert werden.

In einem zweiten Schritt soll dann die germanistische Literatur der historischen Rechtsschule daraufhin untersucht werden, ob dem geteilten Eigentum in der Theorie des deutschen Privatrechts des 19. Jahrhunderts entgegen der herrschenden Auffassung nicht doch noch eine gewisse Bedeutung beigemessen wurde. Hierbei soll insbesondere auch die Argumentation und die Begründung der einzelnen Autoren vorgestellt werden, um Differenzierungen und Entwicklungstendenzen aufzuzeigen. In der vorhandenen Literatur wird die Behandlung des geteilten Eigentums durch den germanistische Zweig der historischen Rechtsschule bislang nur in kurzen Übersichten dargestellt. Wagner setzt in seiner Arbeit "Das geteilte Eigentum in Naturrecht und Positivismus" aus dem Jahr 1938 den Schwerpunkt auf die im Titel angeführten Epochen und beschränkt sich bei der historischen Rechtsschule auf einen knappen Abriß, der sich zum Teil in bloßen Textzitaten erschöpft. Busz interessiert in seiner 1966 erschienen Dissertation in erster Linie die Frage, ob die Autoren der historischen Rechtsschule erkannt hatten, daß im Bereich der Institute des geteilten Eigentums ein Ablösungsprozeß stattgefunden hat. Dieser Themenstellung entsprechend erörtert er vorwiegend die Einstellung der Gelehrten zu den einzelnen Instituten des geteilten Eigentums als Sozialerscheinungen. Die differenzierenden und vom jeweiligen allgemeinen Horizont geprägten dogmatischen Ausführungen zum geteilten Eigentum streift er folglich nur am Rande. Seine Darstellung ist darüber hinaus auch nicht vollständig. Bedeutende Autoren wie Runde, Walter, Stahl und insbesondere Gierke sind nicht berücksichtigt.

Einen weiteren Schwerpunkt bildet die Behandlung der Frage, ob auch unter der Geltung des Bürgerlichen Gesetzbuches in der Rechtswirklichkeit Rechtstypen existieren, denen die Vorstellung eines zwischen mehreren Berechtigten geteilten Eigentums zugrunde liegt.

Zur Abgrenzung des Themas sei bereits an dieser Stelle klargestellt, daß mit dem Begriff der Eigentumsteilung nicht die Teilbarkeit der beherrschten Sache als solcher und ebensowenig die Begründung von Miteigentum mehrerer qualitativ gleichartig Berechtigter gemeint ist. Erörtert werden soll ausschließlich die Problematik, daß einzelne, normalerweise im Eigentum enthaltene Befugnisse zu bestimmten Zwecken zwei oder mehreren Personen dergestalt zugeordnet werden, daß gleichwertige, jedoch qualitativ unterschiedliche Teilrechte an einer Sache entstehen.

In der Literatur finden sich immer wieder Versuche, bestimmte Phänomene des geltenden Rechts mit der Denkfigur des geteilten Eigentums zu erfassen, ohne daß diese verstreuten Ansätze bisher einmal zusammenfassend dargestellt worden sind. Auch die Arbeit von Strauch aus dem Jahr 1984 geht nicht über skizzenhafte, punktuelle Überlegungen zu einzelnen Rechtsinstituten hinaus. Die Entwicklung der Wohnraummiete bleibt völlig unberücksichtigt. Der modernrechtliche Teil der vorliegenden Arbeit unternimmt daher den Versuch, die Bedeutung des geteilten Eigentums für das gegenwärtige Recht in den Grenzen des Bürgerlichen Gesetzbuches zu klären.

Erster Teil: Rechtsgeschichtlicher Abriß über das geteilte Eigentum

I. Vom altrömischen Recht bis zu den Kommentatoren

Die Erscheinung eines zwischen mehreren Personen funktionell geteilten Eigentums findet sich in Form der Feldservituten bereits im altrömischen Recht[1].
Das altrömische Eigentum, das sich als der auf Sachgüter bezogene Teil der umfassenden Gewalt des Hausvaters umreißen läßt, schließt als einziges Sachenrecht die Vorläufer der beschränkten Sachenrechte mit ein[2].
Dementsprechend werden die Feldservituten nicht als Rechte an einer fremden Sache verstanden, sondern selbst als Eigentum angesehen. Freilich ist das Eigentum des aus der Servitut Berechtigten auf die jeweilige Funktion der Felddienstbarkeit begrenzt. An dem mit der Felddienstbarkeit belasteten Grundstück besteht somit ein zwischen dem Eigentümer und dem Berechtigten funktionell beschränktes Eigentum.
Dem klassischen römischen Recht ist der Gedanke eines zwischen mehreren Berechtigten geteilten Eigentums dagegen gänzlich fremd. Das als dominium oder proprietas bezeichnete Eigentum[3] des klassischen römischen Rechts war das grundsätzlich schrankenlose und unbegrenzte Herrschaftsrecht über eine Sache, das alle möglichen dinglichen Zuordnungen in sich faßte[4]. Die sonstigen dinglichen Rechte erschienen folglich nicht mehr als abgespaltene Eigentumsrechte, sondern als die vom Eigentümer eingeräumte Teilhabe an einer fremden Sache. Es bestand somit eine strenge Trennung zwischen dem Eigentum als Vollrecht und den beschränkten Sachenrechten (iura in re aliena)[5]. Die Annahme eines geteilten Eigentums war hiermit unvereinbar.
Im Vulgarrecht wurde diese scharfe Differenzierung zwischen Eigentum und beschränkten Sachenrechten wieder aufgegeben. Auch das Nutzungsrecht desjenigen, der eine Sache nur in bestimmter Weise oder für eine gewisse Zeit benutzen durfte,

---

[1] Kaser, S. 104; Kaser, Geteiltes Eigentum, S. 446 ff.

[2] Kaser, S. 108

[3] Olzen, JuS 1984, S. 330

[4] Kaser, S. 108

[5] Kaser, S. 104

wurde als "proprietas" oder "dominium" bezeichnet[6]. Ähnlich wie im altrömischen Recht wurden also die beschränkten Sachenrechte nicht als Rechte an fremder Sache, sondern als eine Erscheinung des Eigentums behandelt.
Entscheidend für die weitere Entwicklung wurde die Unterteilung des dominium in ein dominium directum und ein dominium utile durch die Glossatoren[7]. Die Bezeichnung dominium utile geht dabei auf die den römischen Quellen geläufige Unterscheidung von actiones directae und actiones utiles zurück.
Trotz des Bestrebens Justinians, die Unterscheidung zwischen quiritischem und bonitarischem Eigentum aufzuheben, waren im Corpus juris, etwa bei der Ersitzung von Immobilien und dem Erbschaftsbesitz, noch Ansätze dieser Differenzierung vorhanden[8]. Da die Glossatoren dem Corpus juris andererseits entnehmen konnten, daß es ein Recht ex jure Quiritum nicht mehr geben durfte, prägten sie zur Überbrückung dieses Widerspruchs die Begriffe dominium directum und dominium utile. Sie knüpften dabei an den Umstand an, daß dem früheren bonitarischen Eigentümer eine utilis rei vindicatio und dem zivilen Eigentümer die actio directa zustand. Diese actiones utiles veranlaßten die Glossatoren dazu das Recht, aus dem die analoge Klage hervorging, als dominium utile und im Gegensatz hierzu das Recht, das die direkte Klage behielt, als dominium directum zu bezeichnen[9]. Mit dieser Unterteilung des dominium war also noch keine inhaltliche Teilung des Eigentums verbunden, da das dominium utile von den Glossatoren eben als ein Recht mit der prozessualen Möglichkeit einer rei vindicatio utilis angesehen wurde[10].
Durch die Kommentatoren des 14. und 15. Jahrhunderts erhielt der Begriff des dominium utile eine bedeutsame Erweiterung und inhaltliche Umgestaltung. Die Kommentatoren waren bemüht, aus dem Corpus juris Lehren auch für die Lösung solcher Fragen des zeitgenössischen Rechtslebens abzuleiten, für die jener keine unmittelbar anwendbaren Begriffe und Rechtssätze enthielt[11]. In ihrem Bestreben, eine Verbindung zwischen dem Recht der Quellen und dem zu ihrer Zeit in Italien geltenden Recht zu schaffen, versuchten sie die mittelalterlichen Besitzrechte, die

---

[6]Kaser, S. 107

[7]Wagner, S. 9

[8]Strauch, S. 277

[9]Lautz, S. 37; Schlosser, S. 60 f.

[10]Kriechbaum, S. 333 ff.

[11]Strauch, S. 277; Wagner, S. 15

Emphyteuse, die Superficies, das Beneficium des Vasallen sowie die im kanonischen Recht verbreitete Precaria, mit einem einheitlichen Begriff des justinianischen Rechts zu erfassen. Diesen Rechtsinstituten war im Gegensatz zu anderen Rechten an einer fremden Sache, wie beispielsweise dem ususfructus, gemeinsam, daß sie vererblich, belastbar, veräußerlich und mit der actio in rem utilis versehen waren[12]. Da die Emphyteuse in den Pandekten gelegentlich als dominium bezeichnet wird, nahmen die Kommentatoren dies als Anlaß, das Recht des Emphyteuta und die gleichgestellten Rechte des Superfiziars, des Vasallen und des Prekaristen als dominium utile zu bezeichnen[13]. Derjenige, von dem diese ihre Rechte ableiteten, wurde dominus directus genannt.

Der Kommentator Bartolus unterschied in der Folge zwei Arten des dominium utile, nämlich das dominium utile der bisherigen Art, quod opponitur et contradicit dominio directo und dasjenige des Emphyteuta etc. als eines, quod subalternatur directo[14]. Man war also dazu gelangt, zwei domini an demselben Gegenstand anzuerkennen[15].

Dieser von der mittelalterlichen italienischen Rechtstheorie ausgebildete Begriff des dominium utile wurde im Laufe des 14. und 15. Jahrhunderts in Deutschland rezipiert und fand sowohl in die territorialen Rechte als auch in das Reichsrecht Eingang.

II. Das geteilte Eigentum im deutschen Recht

1. Das mittelalterliche deutsche Recht

Dem mittelalterlichen deutschen Recht war die Aufteilung des Eigentums unter mehrere Beteiligte vertraut[16]. Eine Trennung zwischen beschränkten Sachenrechten und Vollrecht wie im klassischen römischen Recht war dem altdeutschen Recht fremd. Der Grund hierfür dürfte zum einen in der gesamthänderischen Bindung liegen, der das Grundeigentum unterstand und zum anderen in den verschiedenen

---

[12] Wagner, S. 16

[13] Hagemann, Art. Eigentum, HRG I, Sp. 892

[14] Ausführliche Nachweise bei Wagner, S. 18 und Strauch, S. 278

[15] Strauch, S. 278

[16] Wagner, S. 20 ff.; Olzen, JuS 1984, S. 332

nebeneinander bestehenden Rechtskreisen[17]. Das mittelalterliche Recht in Deutschland war gekennzeichnet durch die Bildung von Rechtskreisen. Für bestimmte Arten von Personen und Angelegenheiten existierten bestimmte Geltungsbereiche von Normen, die ihr eigenes Gericht hatten. Zu nennen sind hier insbesondere das Land-, Lehens-, Dienst- und Hofrecht.

Das Nebeneinander dieser Rechtskreise führte dazu, daß in Deutschland ein zweifaches Eigentum, ein sogenanntes dominium duplex bestand[18]. Das Lehensrecht basierte zunächst auf persönlichen Treuepflichten zwischen Lehensherr und Vasall. Dem entsprach, daß das Lehen auf Lebenszeit verliehen wurde und bei Tod des Lehensmannes der Heimfall des Lehens an den Lehensherrn eintrat. Diese ursprünglich sehr weit gedachte Treuepflicht verblaßte jedoch im Laufe der Zeit und es trat eine Stärkung der Stellung des Lehensmanns ein, die sich vor allem darin zeigte, daß das Lehen erblich wurde. Das Besitzrecht des Lehensmannes wurde jetzt als sein Eigentum angesehen. Das Gut, das nach dem Landrecht ausschließlich dem Grundherrn gehörte, stand nun nach dem Lehensrecht dem Vasallen zu. Es bestand also ein doppeltes Eigentum nach zwei verschiedenen Rechtskreisen. Eine Teilung des Eigentums war damit allerdings noch nicht verbunden, da die Rechtskreise vorerst selbständig nebeneinander standen und nicht in Konkurrenz zueinander traten.

Erst als sich an der Wende zum 13. Jahrhundert die Unterscheidung zwischen den verschiedenen Rechtskreisen auflöste und sie als Teil einer Rechtsordnung angesehen wurden, mußte man, wenn man nicht einer Seite ihre bisherige Rechtsposition entziehen wollte, von der Vorstellung eines unter mehreren Berechtigten geteilten Eigentums ausgehen[19]. Die Lösung wurde darin gesehen, daß man das landrechtliche Eigentum des Grundherrn aufteilte und ihm das Herrschaftsrecht zuerkannte und dem Vasall das Gut "dem Nutz und Gelde" nach zuwies[20].

Eine ähnliche Entwicklung wie im Lehensrecht vollzog sich im Dienst- und Hofrecht. Auch innerhalb dieser Rechtskreise verfestigte sich die Position des Ministerialen bzw. Hintersassen als ihr Besitzrecht an dem Gut erblich wurde. Das Gut wurde jetzt als "Erbe" des Bauern bzw. "Inwärtseigen" des Ministerialen angese-

---

[17]Olzen, JuS 1984, S. 332

[18]Lautz, S. 74

[19]Wagner, S. 22; Gierke, S. 369

[20]Sachsenspiegel, Lehnrecht 14 § 1

hen. Allerdings stand Hintersassen und Ministerialen das Eigentum nur nach ihrem Rechtskreis zu, während es nach Landrecht ausschließliches Eigentum des Herrn blieb. Zu einer Aufspaltung des Eigentums kam es somit auch hier erst, als sich die Rechtskreise auflösten und der Ministeriale und der Hintersasse ihr Recht vor dem Landgericht verfolgen konnten[21].

2. Von der Rezeption bis zu den naturrechtlichen Kodifikationen

Eine Verfestigung des geteilten Eigentums brachte die Rezeption des römischen Rechts im deutschen Rechtsraum[22].

Das römische Recht konnte aber nicht einfach übernommen werden, sondern bei der Anwendung des römischen Rechts mußten die besonderen Umstände in Deutschland berücksichtigt werden. Einer solchen Anpassung bedurfte es insbesondere beim Eigentum wegen der grundherrschaftlichen Wirtschafts- und Sozialstrukturen der mittelalterlichen Gesellschaft. Die dem deutschen Recht geläufige gemeinsame Berechtigung von Herr und Vasall etc. am Grundeigentum war unvereinbar mit dem klassischen römischen Eigentumsbegriff.

Die Schwierigkeit bei der Rezeption des römischen Rechts im Sachenrecht ließ sich jedoch mit Hilfe der von den Kommentatoren entwickelten Theorie vom dominium directum und dominium utile überbrücken, da diese Konstruktion, anders als der abstrakte Eigentumsbegriff des klassischen römischen Rechts, sich mit den verschiedenartig abgestuften sachlichen Herrschaftsrechten des mittelalterlichen deutschen Rechts in Einklang bringen ließ[23].

Bei der Übertragung der Theorie vom geteilten Eigentum auf das Lehen und andere Besitzrechte fanden germanistische Vorstellungen Eingang in die Theorie und man legte jetzt in das Wort "utile" die Bedeutung von "Nutz und Gelde"[24] hinein. Dementsprechend bürgerte sich mit der Zeit für das dominium utile der Begriff Nutzeigentum ein und für das dominium directum wurde die Bezeichnung Obereigentum geprägt[25].

---

[21]Gierke, S. 199; Wagner, S. 23 f.

[22]Gierke, S. 370

[23]Wagner, S. 28

[24]Z.B. Sachsenspiegel, Lehnrecht 14 § 1; s. auch Hagemann, Art. Eigentum, HRG I, Sp. 893

[25]Strauch, S. 279

Wegen des inhaltlichen und zeitlichen Umfangs der Rechte, die als Nutzeigentum angesehen wurden, wurde das Nutzeigentum als echtes[26], wenn auch minderes[27] Eigentum angesehen. Das dominium utile war somit eine besondere Art des Eigentums, die dem dominium directum gegenübertrat. Es lag also eine qualitative Teilung des Eigentums vor, bei der Nutz- und Obereigentum unterschiedliche Eigentumsteilrechte darstellen, die nur zusammen das volle Eigentum ergeben[28].

Die soeben dargestellte Theorie, nach der sich die Teilrechte dominium directum und utile zum Vollrecht ergänzen, wurde in der Folgezeit sowohl von der Wissenschaft als auch der Lehre anerkannt und fand auch Eingang in die Reichs- und Partikulargesetze[29], wobei sie dort auf die Erbpacht und das Lehen beschränkt wurde. Sämtliche anderen Abhängigkeitsverhältnisse wurden der Zeitpacht unterstellt, die als Recht an einer fremden Sache ausgestaltet war[30].

Auch nachdem mit Conring der Umfang der Rezeption des römischen Rechts zweifelhaft geworden war, wurde die Theorie des geteilten Eigentums von den Vertretern des usus modernus pandectarum anerkannt[31]. Zu nennen sind in diesem Zusammenhang Samuel Stryk, der sich gegen die Gleichstellung von dominium utile und ususfructus wandte[32] und vor allem Georg Adam Struve. Struve unterteilte das dominium in die Proprietät als die freie Verfügungsbefugnis über die Sache und die Nutzung derselben[33]. In der Lehre von Struve wird das dominium in dominium plenum und dominium minus plenum gegliedert. Plenum bedeutet, daß keinerlei Beschränkung in der Verfügung und Nutzung besteht, während beim dominium minus plenum die Sachherrschaft einer funktionellen Aufteilung unterliegt. Diese Lehre Struves brachte insoweit eine Neuerung, als die Teilung jetzt in erster Linie darin gesehen wurde, daß dem Obereigentümer die Sachverfügung und dem Nutzeigentümer die Sachnutzung zustand.

---

[26]Gierke, S. 371

[27]Wagner, S. 30

[28]Wagner, S. 30

[29]Hagemann, Art. Eigentum, HRG I, Sp. 893

[30]Wagner, S. 33 f.

[31]Nachweise bei Gierke S. 371 Fn 13

[32]Stryk, lib. 7 tit. 1 §§ 1-4

[33]Struve , Exerc. XI ad lib. 6 tit. 3, § 55

Die Anknüpfung an die actio utilis trat hingegen völlig in den Hintergrund[34]. In dieser Form fand die Lehre vom Nutz- und Obereigentum Eingang in die naturrechtlichen Kodifikationen der bedeutendsten deutschen Territorien.
Im Codex Maximilianeus Bavaricus Civilis von 1756 behandelt sein Verfasser Kreittmayr das dominium utile als Erscheinungsform des Eigentums. Es wird hierzu ausgeführt: "... dominium directum et utile wird genannt, wenn die Sach mehr Herren hat und einem davon die Grundherrschaft, dem anderen aber nur das nutzbare Eigenthum zugehört... "[35].Als Anwendungsfälle werden im 4. Th. 7. Cap. hierzu Erbrechte, Leibgeding, Neustift, Herrengunst, veranleiteter Freystift und die Emphyteuse sowie im 4. Th. 18 Cap. das Lehenrecht aufgeführt. Ausschlaggebend für die Behandlung des dominium utile als Eigentum und nicht als ususfructus war für Kreittmayr die Vererblichkeit sowie der Anteil an der Proprietät[36].
Eine ausführliche Darstellung des geteilten Eigentums enthält das Preußische Allgemeine Landrecht von 1794.
Gem.§§ 9-12 I, 8 setzt sich das volle Eigentum aus drei Rechten zusammen. Das Recht, die Sache zu besitzen, das Verfügungsrecht und das Nutzungsrecht. Eine Teilung des Eigentums tritt gem.§ 16 I, 8 auf, wenn die soeben beschriebenen Teilrechte verschiedenen Personen zustehen[37]. "Geteiltes Eigenthum" im Sinne der Legaldefinition von § 16, I, 18 liegt vor, wenn die Teilung dergestalt erfolgt, daß einem Eigentümer nur die Proprietät zusteht, während der andere sowohl das Nutzungsrecht als auch einen Anteil an der Proprietät inne hat[38]. Als praktische Erscheinungsformen des geteilten Eigentums behandelt das Preußische Allgemeine Landrecht den Familienfideikommiß (§§ 72 ff., II, 4), das Erbzinsgut (§§ 680 ff., I, 18) sowie das Lehen (§§ 13 ff., I, 18), dem allerdings aufgrund des königlichen Edikts vom 5. Januar 1717 keine allzu große praktische Bedeutung mehr zukam.
Auch die jüngste der großen naturrechtlichen Kodifikationen dieser Zeit, das Öster-

---

[34]Wiegand, S. 125

[35]Codex Maximilianeus Bavaricus Civilis 2 Theil. Cap. 2, § 2

[36]Kreittmayr, 2.Theil. Cap. 2. S. 407

[37]ALR § 16, I, 8 lautet: "Das Eigenthum einer Sache ist getheilt, wenn die darunter begriffenen verschiednen Rechte, verschiednen Personen zukommen".

[38]ALR § 1, I,1 8 lautet: "Wenn das Eigenthum getheilt ist (Tit.VIII §16-20), so wird derjenige, welchem nur ein Miteigenthum an der Proprietät aber kein Antheil an dem zum Eigenthum gehörenden Nutzungsrechte zukommt, Obereigenthümer genannt".

reichische Allgemeine Bürgerliche Gesetzbuch von 1811 hat das Rechtsinstitut des geteilten Eigentums aufgenommen und charakterisiert es in § 357 ABGB wie folgt: "Wenn das Recht auf die Substanz einer Sache mit dem Recht auf die Nutzungen in Einer und derselben Person vereinigt ist, so ist das Eigenthumsrecht vollständig und ungetheilt. Kommt aber Einem nur ein Recht auf die Substanz der Sache; dem Anderen dagegen nebst einem Rechte auf die Substanz, das ausschließende Recht auf derselben Nutzungen zu, dann ist das Eigenthumsrecht getheilt und für beyde unvollständig. Jener wird Obereigenthümer, dieser Nutzungseigenthümer genannt". Als Arten des geteilten Eigentums werden im ABGB die Lehensverhältnisse und die Erbpacht- und Erbzinsgüter (§§ 1122 ff.) sowie der Familienfideikommiß angesehen.

Der Vollständigkeit halber sei noch erwähnt, daß auch das Badische Landrecht von 1809 Regelungen über "zerteiltes Eigentum" enthielt[39]. Dies erscheint insoweit bemerkenswert, als das Badische Landrecht eine Bearbeitung des französischen Code Civil darstellt, der aber seinerseits aufgrund der Gedanken und Errungenschaften der französischen Revolution ein geteiltes Eigentum nicht mehr kennt[40].

Das Institut des geteilten Eigentums fand jedoch nicht nur Eingang in die naturrechtlichen Kodifikationen, sondern wurde auch von der Mehrzahl der Vertreter der Naturrechtslehre anerkannt.

In Übereinstimmung mit der oben angeführten Definition von Struve unterschied beispielsweise Christian Wolff in seiner Eigentumslehre die "proprietas" als die bloße freie Verfügungsbefugnis vom "dominium", das zusätzlich die Berechtigung zur Nutzung und Fruchtziehung beinhaltet[41].Wird das volle Eigentum ("dominium plenum") um eine dieser Befugnisse verkürzt, heißt es bei Wolff "dominium minus plenum". Diese Herleitung eines Mindereigentums aus der Abtrennung der Nutzungsbefugnis und die damit verbundene Unterscheidung zwischen dominium directum und dominium utile findet sich in vergleichbarer Weise auch bei Samuel Pufendorf und Hugo Grotius[42].

Die eigentliche Bedeutung der Naturrechtslehre liegt daher weniger in einer inhaltlichen Änderung des Eigentumsverständnisses als vielmehr darin, daß die Lehre vom

---

[39]Vgl. Badisches Landrecht §§ 544 a-c; §§ 577 aa-ar; §§ 831 ba-bl

[40]Wagner, S. 52

[41]Vgl. die umfangreichen Nachweise bei Wiegand, S. 127 f. und Olzen, Jus 1984, S. 333

[42]Ausführlich zu Grotius und Pufendorf Olzen JuS 1984, S. 332 f.

dominium directum und utile jetzt nicht mehr auf die Begriffe aus der Glosse gestützt wird, sondern das unwandelbare Naturrecht unmittelbar als Rechtsquelle herangezogen wird.

3. Das Verschwinden des geteilten Eigentums

Gegen dieses allgemein anerkannte Eigentumsverständnis wandte sich zuerst J.C.G. Budäus im Jahr 1783 in seinem Aufsatz "Gedanken von dem gemachten Unterschied unter dem obern und nutzbaren Eigenthum". Er ist der Auffassung, daß allein aus dem Umstand, daß dem Obereigentümer gegenüber dem Untereigentümer Befugnisse zustehen, keine Aufteilung des Eigentums in dominium directum und dominium utile begründet werden könne. Das alleinige Eigentum müsse vielmehr dem Nutzungseigentümer zustehen[43]. Dieser erste Angriff von Budäus gegen das geteilte Eigentum konnte sich gegen die herrschende Meinung allerdings noch nicht durchsetzen[44].

Maßgebend dafür, daß das Rechtsinstitut des geteilten Eigentums gegen Ende des 18. Jahrhunderts stetig an Bedeutung verlor, war das Gedankengut der französischen Revolution, das sich langsam auch in Deutschland auszubreiten begann, nachdem es in Frankreich bereits zur Beseitigung des Feudalsystems geführt hatte. Aufgrund der geschichtlich bedingten Verknüpfung zwischen den Bindungen des Grundeigentums und den Beschränkungen der persönlichen Freiheit, konnte es nicht ausbleiben, daß mit der Forderung nach dem allgemeinen Recht auf Freiheit auch die Forderung nach Befreiung des Grundeigentums verbunden wurde. Im Zuge der Aufklärung wurde die Grundherrschaft auch zunehmend als wirtschaftlich nachteilig angesehen, so daß mit ihrer Aufhebung begonnen wurde.

Das geteilte Eigentum war aber ja gerade zur rechtlichen Bewältigung der grundherrschaftlichen Sozial- und Wirtschaftsstruktur der feudalen mittelalterlichen Gesellschaft herangezogen worden, so daß deren Beseitigung der Lehre vom geteilten Eigentum die sachliche Grundlage entzog.

Zu nennen sind hier zunächst insbesondere die Stein-Hardenbergschen Reformen. Im Jahr 1807 wurden in Preußen durch Edikt vom 9. Oktober die persönlichen Feudallasten aufgehoben und die auf der Grundherrschaft beruhenden wirtschaftli-

---

[43]Budäus, S. 61 ff.

[44]Gierke, S. 371; Strauch, S. 280

chen Lasten für ablösbar erklärt. Damit war die Gutsuntertänigkeit verschwunden, das Obereigentum blieb aber vorerst noch bestehen. Im Jahr 1811 wurde die Zinspflicht der Bauern beseitigt. Weitere Schritte, die zur zunehmenden Zurückdrängung des Obereigentums führten, waren die Ablösungsordnung vom 7. Juni 1821 sowie die Gemeinheitsteilungsordnung vom gleichen Tag. Ihren Abschluß fand diese Entwicklung, gestärkt durch die Revolution des Jahres 1848, durch das Ablösungsgesetz vom 2. März 1850, dessen § 2 wie folgt lautet:
"Ohne Entschädigung werden...hiermit aufgehoben
1) das Ober-Eigenthum des Lehensherrn und die lediglich aus denselben entspringenden...Rechte bei allen innerhalb des Staates gelegenen Lehen, mit alleiniger Ausnahme der Thronlehne;
2) das Ober-Eigenthum des Guts- oder Grundherrn und des Erbzinsherrn, desgleichen das Eigenthumsrecht des Erbpächters; der Erbzinsmann und der Erbpächter erlangen mit dem Tage der Rechtskraft des gegenwärtigen Gesetzes und lediglich auf Grund desselben, das volle Eigenthum".
Durch das Ablösungsgesetz wurde das Grundeigentum somit vollständig in die Hände der Untereigentümer überführt[45].
Eine vergleichbare Entwicklung vollzog sich in anderen Teilen Deutschlands, etwa in Württemberg und Bayern.

4. Der Einfluß von A. F. J. Thibaut

Neben diese Entziehung der realen Grundlagen infolge der Bodenreform und der Bauernbefreiung trat die Ablehnung des Instituts durch die Romanisten, die das geteilte Eigentum wegen seiner Unvereinbarkeit mit dem Eigentumsbegriff des klassischen römischen Rechts als unrömisch bekämpften.
Besondere Bedeutung erlangte dabei die Abhandlung Anton Friedrich Justus Thibauts "Über dominium directum und utile" aus dem Jahre 1802[46].
Anhand einer umfangreichen Auswertung der einschlägigen Literatur führt Thibaut in dieser dogmatisch ausgerichteten Schrift den Nachweis, daß die Unterscheidung zwischen dominium directum und utile im Sinne eines geteilten Eigentums auf ein Mißverständnis der Quellen des römischen Rechts durch die itaienischen Rechts

---

[45]Ausführlich zur Beseitigung des Obereigentums durch die Bodenreform, Busz, S.88 ff.
[46]Thibaut, S. 67 ff.

gelehrten zurückzuführen ist. Bei der Bearbeitung der Quellen hätten sie nicht berücksichtigt, daß im römischen Recht dominium sowohl in der engen Bedeutung von vollem Eigentum als auch umfassend als dingliches Recht verwandt worden sei[47]. Er urteilt dann auch über das geteilte Eigentum: "Diese Art des dominium utile ist aber ein Unding, und beruht auf einem Irrtum der Glossatoren"[48].

Nach der Auffassung von Thibaut gibt es demgemäß nur zwei Arten von dinglichen Rechten, nämlich das Eigentum (ius in re propria) sowie Rechte an diesem Eigentum (iura in rem in re aliena). Letztere untergliedert er in drei Untergruppen:

- bloße Nutzungsrechte, wie die Personal- und Realservituten
- bloße Proprietätsrechte, wie das Recht des Pfandgläubigers
- gemischte, oder Nutzung- und Proprietätsrechte[49].

Diejenigen Rechtsverhältnisse, die von der überkommenen Meinung dem Rechtsinstitut des geteilten Eigentums zugerechnet worden waren, ordnet er der dritten Gruppe der Rechte an fremder Sache zu. Als Beispiel für diese Gruppe nennt Thibaut ausdrücklich das Recht des Vasallen, des Emphyteuta sowie des Superficiar[50].

Für die praktische Rechtsanwendung zieht Thibaut die Schlußfolgerung, daß die Befugnisse und Rechte des Vasallen etc. nicht aus einem dominio utili gefolgert werden können, sondern daß diese vielmehr historisch aus den Gesetzen abgeleitet werden müssen[51].

In der Folge wurde das geteilte Eigentum als dem römischen Eigentumsbegriff zuwiderlaufend von der Pandektenwissenschaft abgelehnt. Im ganz überwiegenden Teil der rechtsgeschichtlichen Literatur wird die Schrift Thibauts "Über dominium directum und utile" als die entscheidende wissenschaftliche Arbeit angesehen, die den Untergang der Lehre vom geteilten Eigentum besiegelt habe[52]. Bezeichnend für diese Auffassung ist beispielsweise die Darstellung des geteilten Eigentums im Handwörterbuch der Rechtsgeschichte, die mit der Abhandlung von Thibaut aus

---

[47] Thibaut, S. 86 f.

[48] Thibaut, S. 88

[49] Thibaut, S. 91 f.

[50] Thibaut, S. 92

[51] Thibaut, S. 92

[52] Schröder in Kleinheyer/Schröder, S. 422; Olzen, JuS 1984, S. 334; Stintzing/Landsberg, S.84; Hass, S. 51

dem Jahr 1801 endet[53]. Besonders deutlich äußert sich in diesem Punkt Wagner[54]: "Mit dieser Abhandlung Thibauts hatte das dominium utile einen vernichtenden Schlag erhalten, von dem es sich nicht wieder erholen sollte. Die unwiderleglichen geschichtlichen Ausführungen, der glänzende Stil und die Autorität des Verfassers sicherten der Schrift einen vollen Erfolg: wer sich mit dem geteilten Eigentum als der heutigen Erscheinungsform des dominium utile befaßte, konnte nicht achtlos an ihr vorbeigehen".

Anknüpfend an die Äußerung Wagners, daß man bei der Beschäftigung mit dem geteilten Eigentum nicht achtlos an Thibauts Schrift "Über dominium utile und directum" vorbeigehen kann, soll diese nachstehend daraufhin untersucht werden, ob sie tatsächlich dazu geeignet war, dem geteilten Eigentum als "einem auf einem Irrtum der Glossatoren beruhenden Unding"[55] die Existenzberechtigung abzusprechen.

Thibaut verwirft, wie wir gesehen haben, im Ergebnis die Lehre vom geteilten Eigentum, weil er jegliche Form der Aufteilung des Eigentums ablehnt und eine Teilung des Eigentums mit seiner strikten Trennung in dingliche Rechte und das "wahre Eigenthum"[56] nicht in Einklang zu bringen ist. Das "wahre Eigenthum" kennzeichnet er selbst wie folgt[57]:

"Das eigentliche Eigenthum befaßt, in seinem ganzen Umfange, mannichfaltige Rechte. Der Eigenthümer kann nämlich erstens alle Früchte der Sache ziehen, er kann sie ferner durch dingliche Klage verfolgen, und endlich außerdem noch viele andre Rechte an der Sache ausüben...

Solange der Eigenthümer die wesentlichen Proprietäts-Rechte einem andern nicht gänzlich übertragen hat, und nur bloß erlaubt, daß ein andrer einzelne Rechte an seiner Sache ausübe, ist und bleibt er wahrer Eigenthümer, und die, welchen jene einzelnen Rechte concedirt sind, haben nichts weiter als ein ius in re aliena."

Und an anderer Stelle schreibt er[58]:

"Das Eigenthum (dominium) ist das gewöhnlich dingliche Recht, vermöge dessen

---

[53]Hagemann, Art. Eigentum, HRG I, Sp. 892

[54]Wagner, S. 61 f.

[55]Thibaut, S. 88

[56]Thibaut, S. 86 ff.

[57]Thibaut, S. 85 f.

[58]Thibaut, Pandekten, S. 225

Natur Jemanden die unbedingte Befugnis zusteht, über eine einzelne körperliche Sache zu selbstnützigen Zwecken nach Willkühr zu schalten."

Anhand dieser Zitate wird deutlich, daß Thibaut, obwohl er den Primat des römischen Rechts ablehnt, den Eigentumsbegriff des klassischen römischen Rechts vertritt. Diesen absoluten Eigentumsbegriff stellt Thibaut in seiner Abhandlung "Über dominimum utile und directum" als Prämisse, die er selbst als "Vorerinnerung"[59] bezeichnet, an den Anfang seiner gesamten Gedankenführung. Man muß daher Wiegand[60] vorbehaltlos zustimmen, wenn er den eigentlichen Grund für die Verwerfung des geteilten Eigentums durch Thibaut darin sieht, daß jener den absoluten Eigentumsbegriff als ein Axiom seiner Arbeit zugrunde legt.

In Wahrheit erweist sich die Schrift Thibauts somit als eine auf ausschließlich römisch-rechtliche Quellen gestützte dogmatische Abhandlung und nicht als die umfassende historische Untersuchung, als die er sie selbst verstanden wissen will[61].

Auf die Frage, was die Glossatoren veranlaßt hat, eine Aufspaltung des dominium vorzunehmen oder auf einen von seinem Eigentumsverständnis abweichenden deutsch-rechtlichen Eigentumsbegriff geht Thibaut aufgrund dieses Ansatzes erst gar nicht ein. Seiner Abhandlung kann daher letztlich aber auch nur die Bedeutung zukommen, daß sie zutreffend feststellt, daß dem römischen Recht eine Gliederung des Eigentums in dominium directum und utile fremd ist. Hinsichtlich der Berechtigung eines deutsch-rechtlichen Eigentumsbegriffs, der anstelle von Rechten an fremden Sachen ein Eigentum in Teilrechten anerkennt, können aus ihr hingegen keinerlei Schlußfolgerungen gezogen werden.

Die Bedeutung und der Erfolg von Thibauts Arbeit sind letztlich darauf zurückzuführen, daß er mit der Zugrundelegung des als selbstverständlich angesehenen römischen Eigentumsbegriffs der vorherrschenden wissenschaftlichen Methode seiner Zeit Rechnung getragen hat, die bestrebt war, das römische Recht in seinen Ursprüngen zu erfassen und als geltendes Recht darzustellen.

Im Hinblick auf diese einseitige Ausrichtung der Abhandlung Thibauts erscheint es nicht sachgerecht, allein mit ihr die Lehre vom geteilten Eigentum zu verwerfen.

---

[59] Thibaut, S. 87

[60] Wiegand, S. 137

[61] Thibaut, S. 77 f.

Ein zutreffendes Bild von der Bedeutung der Lehre vom geteilten Eigentum kann vielmehr nur unter Beachtung des deutsch-rechtlich ausgerichteten Wissenschafts-zweiges gewonnen werden.

Zweiter Teil: Das geteilte Eigentum in der germanistischen Literatur des 19. Jahrhunderts

Einige der germanistischen Autoren, etwa Karl Friedrich Wilhelm Gerber[1] und Ludwig Duncker[2], lehnten unter Berufung auf Thibaut das geteilte Eigentum auch für das deutsche Recht ab. Für die vorliegende Fragestellung, ob nach Thibauts Abhandlung "Über dominium directum und utile" das geteilte Eigentum in der wissenschaftlichen Diskussion noch eine Rolle gespielt hat, sind diese Autoren nicht von Interesse und werden deshalb ausgeklammert.

I. Die Behandlung des geteilten Eigentums bei den bedeutendsten germanistischen Autoren

1. Justus Friedrich Runde

Justus Friedrich Runde unternahm in seinem erstmals 1791 erschienenen Lehrbuch "Grundsätze des allgemeinen deutschen Privatrechts"[3] den Versuch, das deutsche Privatrecht auf eine überzeugende wissenschaftliche Grundlage zu stellen. Als Quellen des Privatrechts bediente er sich dabei hauptsächlich des Gewohnheitsrechts sowie "der Natur der Sache"[4].

Auf diese Weise gelang es ihm als erstem, eine dem römischen System ebenbürtige Darstellung des deutschen Privatrechts zu schaffen[5]. Ziel seines Werkes war es, die Vorrangstellung des römischen Rechts, die diesem seit der Rezeption in Deutschland zukam, zurückzudrängen.

Es liegt ganz auf dieser Linie, daß Runde an der deutschen Lehre vom geteilten Eigentum festhält, wobei er die Wurzeln auch hier sowohl in der Natur der Sache

---

[1]Gerber, § 77

[2]Duncker, S. 177 ff.

[3]Das Werk erschien also vor Thibauts Abhandlung über die Lehre vom geteilten Eigentum. Rundes Sohn Christian Ludwig, der das Lehrbuch des Vaters fortführte, hielt aber auch nach dem Erscheinen der Abhandlung von Thibaut, in deren Kenntnis, an den Ausführungen Rundes zum geteilten Eigentum unverändert fest.

[4]Sellert, Art. Runde,HRG IV, Sp. 1209

[5]Sellert,Art. Runde, HRG IV, Sp. 1209; Stintzing/Landsberg , S. 452

als auch in der gewohnheitsrechtlichen Praxis sieht. Hinsichtlich der Begriffe des Nutz- und Obereigentums stellt Runde fest:
"Diese Ausdrücke sind zwar nicht aus den Gesetzen; aber sie sind auch nicht wider die Gesetze; - sie sind auch ebenso alt, als gemeinüblich, - der Natur der Sache angemessen, - und durch den Sprachgebrauch der Rechtsgelehrten hinlänglich bestimmt"[6].
Da sich das geteilte Eigentum, das er auch als "unvollkommenes" oder "halbiertes" Eigentum bezeichnet[7], somit problemlos in sein System einfügt, setzt sich Runde nicht mit den Einwendungen der Romanisten gegen die Lehre vom dominium directum und utile auseinander, sondern sieht die wissenschaftliche Diskussion über das geteilte Eigentum als einen unnützen Wortstreit an[8].
Auch die dogmatische Darstellung des Instituts selbst fällt bei Runde äußerst knapp aus. Er begnügt sich mit der Feststellung, daß das "unvollkommene" Eigentum dadurch gekennzeichnet sei, daß bei ihm wesentliche Bestandteile des Eigentums an einer Sache zwischen mehreren Personen aufgeteilt sind[9]. Ergänzend führt er hierzu lediglich noch aus, daß das geteilte Eigentum wieder in einer Person vereinigt werden könne. Erfolgt diese Vereinigung in der Person des Obereigentümers, so spricht er von Consolidation; die Vereinigung in der Person des Nutzeigentümers bezeichnet Runde als Adpropriation[10].
Als praktische Erscheinungsform des geteilten Eigentums nennt Runde die Bauerngüter[11].
Allerdings spricht er nicht jedem Inhaber eines Bauernguts das Eigentumsrecht zu, sondern macht die Zuerkennung des Eigentums vom Grade des Erbrechts abhängig[12].

---

[6]Runde, S. 257

[7]Runde, S. 257

[8]Runde, S. 257

[9]Runde, S. 257

[10]Runde, S. 258

[11]Runde, S. 498

[12]Runde, S. 498

Runde unterscheidet dabei drei Arten des Erbrechts:
- das uneingeschränkte Erbrecht[13]
- das eingeschränkte Erbrecht[14]
- das fehlende Erbrecht[15].

Aufgrund der Verknüpfung von Rechtsstellung und Erbrecht spricht Runde den Bauern, die ein uneingeschränktes Erbrecht haben, das volle Eigentum zu[16], während er den Bauern ohne Erbrecht auch kein Eigentum am Gut zuerkennt[17].

Ein "unvollkommenes" bzw. geteiltes Eigentum kennt Runde folglich bei den Bauerngütern, bei denen dem Bauern ein eingeschränktes Erbrecht zusteht[18]. Ein echtes nutzbares Eigentum (dominium utile) nimmt er aber auch in diesen Fällen nur an, wenn das Bauerngut die wesentlichen Eigenschaften eines Lehensverhältnisses[19] oder der Emphyteuse[20] aufweist.

Diese Ausführungen Rundes, wonach das Eigentum an den Bauerngütern die Folge des Erbrechts ist, zeigen deutlich, daß für ihn die Verdinglichung durch den Hinzutritt der Erblichkeit das ausschlaggebende Moment für die Anerkennung eines Nutzeigentums ist.

2. Karl Friedrich Eichhorn

Karl Friedrich Eichhorn wird zusammen mit Friedrich Carl von Savigny als Mitbegründer der historischen Rechtsschule angesehen[21]. Während Savigny im Bereich der Romanistik entscheidende Akzente setzte, war Eichhorn richtungsweisend für die wissenschaftliche Bearbeitung des deutschen Privatrechts.

Eichhorns bedeutendstes Werk ist seine 1823 erschienene, vierbändige "Deutsche Staats- und Rechtsgeschichte". Sie war die erste auf die Quellen gestützte Dar-

---

[13]Runde, S. 506

[14]Runde, S. 511

[15]Runde, S. 498 und S. 509

[16]Runde, S. 506

[17]Runde, S. 509

[18]Runde, S. 511 f.

[19]Runde, S. 512

[20]Runde, S. 513

[21]Schröder in Kleinheyer/Schröder, S. 121; Koehler, Art. Eichhorn, HRG I, Sp. 858

stellung der gesamten deutschen Rechtsgeschichte, einschließlich des deutschen Privatrechts. Eichhorn beabsichtigte mit diesem rechtsgeschichtlichen Werk, eine Grundlage für die Darstellung des geltenden Rechts zu schaffen[22]. Im Hinblick auf diese pragmatische Zwecksetzung und die historische Methode seiner "Deutschen Staats- und Rechtsgeschichte" kann seine "Einleitung in das deutsche Privatrecht mit Einschluß des Lehnsrechts"[23] als Fortsetzung seiner Rechtsgeschichte angesehen werden.

Eichhorn verfolgt in diesem Werk das Ziel, aus den gemeinsamen leitenden Prinzipien der deutschen Partikularrechtssätze ein einheitliches gemeines deutsches Privatrecht darzustellen.

Trotz dieser Zielsetzung, den germanistischen Geist des deutschen Rechts zur Geltung zu bringen, ist Eichhorns Werk nicht frei von römisch-rechtlichen Einflüssen[24], was sich unter anderem auch in seiner Eigentumslehre zeigt.

Eichhorn vertritt die Ansicht, daß auch nach deutschem Recht das Eigentum das unbeschränkte Recht (ius infinitum) an einer Sache ist[25]. Er erkennt auch, daß dieser von ihm zugrundegelegte Eigentumsbegriff dem Gedanken der Eigentumsteilung grundsätzlich widerspricht:

"Sobald bei dieser Terminologie die Proprietät, als ius infinitum, getheilt gedacht wird, widerspricht freilich die Vorstellungsart dem Wesen des Eigenthums und kann überdies zu Irrthümern verleiten"[26].

Trotz dieser Erkenntnis ist Eichhorn der Überzeugung, daß das Institut des dominium utile für das geltende Recht unentbehrlich sei[27].

Ausgangspunkt ist für Eichhorn dabei das zentrale Institut des deutschen Sachenrechts, die Gewere. Im Liegenschaftsrecht kannte das deutsche Recht eine mehrfache Gewere. Die Gewere, die lediglich auf einem Nutzungsrecht beruhte, wurde als beschränkte oder unvollständige Gewere bezeichnet. Bestimmte Formen dieser unvollkommenen Gewere waren nach Eichhorn jedoch dadurch gekennzeichnet,

---

[22]Eichhorn, Rechtsgeschichte, S. IV und V

[23]Sowohl Eichhorns "Deutsche Staats- und Rechtsgeschichte" als auch seine "Einleitung in das deutsche Privatrecht mit Einschluß des Lehnsrechts" sind in 5 Auflagen erschienen

[24]Stintzing/Landsberg, S. 324; Wagner, S. 68

[25]Eichhorn, S. 428

[26]Eichhorn, S. 428

[27]Eichhorn, S. 428

daß sie neben den reinen Nutzungsrechten auch Teile der Proprietätsrechte, insbesondere im Bereich der Rechtsverfolgung umfaßten[28]. Diese Sachenrechte konnten nach Eichhorn mit den Formen des ius in re des römischen Rechts nicht hinreichend erfaßt werden[29]. Gegen die Gegner der Lehre vom dominium directum und dominium utile gewandt, betont Eichhorn, daß die von diesen vorgenommene Gleichstellung dieser unvollständigen Gewere mit dem ususfructus gerade außer acht ließe, daß diese Rechte mit der Vindikationsklage versehen seien. Die Behandlung als ususfructus berücksichtige nicht hinreichend, daß das Wesen dieser Rechte in erster Linie in der Verbindung von Nutzungs- und Proprietätsrechten liege[30].

Eichhorn spricht sich daher dafür aus, daß zur Behandlung dieser Rechte an dem auf die Glossatoren zurückgehenden[31] Begriff des dominium utile festzuhalten sei: "... betrachtet man aber die Verhältnisse, welche die Neueren unter das dominium utile stellen, als eine dem deutschen Recht eigene Art des ius in re, bei welcher jenes der Proprietät in der Bedeutung, welche sie nach der Trennung der im dominium utile enthaltenen einzelnen Bestandtheile (als dominium directum) noch behält, entgegensetzt und für diese einzelnen Bestandtheile genommen wird, so ist der Ausdruck allerdings passend, und in Ermangelung eines anderen technischen Wortes sogar unentbehrlich"[32].

Eichhorn stellt in diesem Zusammenhang jedoch klar, daß allein mit dem Festhalten am Begriff des geteilten Eigentums noch nichts darüber gesagt sei, ob er auch zu den römisch-rechtlichen Instituten paßte, auf die ihn die Glossatoren angewandt hatten. Es handle sich vielmehr um zwei voneinander zu trennende Problemkreise[33]. Eichhorn ist damit, soweit ersichtlich, der erste Wissenschaftler, der eine selbständige Betrachtung und Bewertung dieser zuvor stets miteinander vermengten Fragestellungen fordert. Erst diese Trennung der Fragenkomplexe ermöglicht überhaupt eine selbständige und vom römischen Recht unabhängige Beurteilung der deutschrechtlichen Institute. Eichhorns Verdienst auf dem Gebiet des geteilten

---

[28]Eichhorn, S. 424

[29]Eichhorn, Rechtsgeschichte, S. 432; Eichhorn, S. 428

[30]Eichhorn, S. 428 f.

[31]Eichhorn, Rechtsgeschichte, S. 432

[32]Eichhorn, S. 428

[33]Eichhorn, S. 428 Fn d)

Eigentums liegt also darin, daß er mit dieser differenzierten Betrachtungsweise den Grundstein für die Bewertung des geteilten Eigentums durch die Germanistik gelegt hat.
Charakteristische Eigenschaften des dominium utile sind nach Eichhorn neben dem Recht der Vindikation die Veräußerlichkeit sowie die Vererblichkeit, während das dominium directum des Obereigentümers durch das vorbehaltene Recht des Rückfalls mit der entsprechenden Vindikationsmöglichkeit gekennzeichnet ist[34]. Eichhorn betont aber, daß bei den einzelnen Rechtsverhältnissen der Umfang der Nutzungsrechte äußerst verschieden sein könne[35]. Er warnt deshalb auch vor der Rechtsunsicherheit, die dadurch entstehe, daß auf sämtliche dieser Rechtsverhältnisse pauschal die Regeln über das Lehen und die Emphyteuse angewendet werden[36]. Eine analoge Anwendung dieser Rechtssätze hält er folglich lediglich aufgrund einer differenzierten Einzelfallbetrachtung für möglich[37].
Zu den Anwendungsfällen des geteilten Eigentums rechnet Eichhorn u.a. Lehen und Erbrenten[38].
Die Ausführungen Eichhorns zur Lehre vom geteilten Eigentum lassen jedoch trotz seines grundsätzlichen Festhaltens am Begriff des geteilten Eigentums erkennen, daß er das Institut letztlich nicht nach den Grundsätzen über das Eigentum behandelt. Die Bezeichnung des dominium utile als "eine dem deutschen Recht eigene Art des ius in re" sowie der Satz "... so ist der Ausdruck allerdings passend, und in Ermangelung eines anderen technischen Wortes sogar unentbehrlich"[39] zeigen vielmehr, daß Eichhorn den Begriff "geteiltes Eigentum" lediglich in rechtsterminologischer Hinsicht beibehält, in der Sache das geteilte Eigentum aber als ein besonderes dingliches Recht des deutschen Rechts behandelt. Diese dogmatische Einordnung des Instituts ist wohl letztlich darauf zurückzuführen, daß Eichhorn sich zur systematischen Erfassung des deutschen Rechts weitgehend römischrechtlicher Vorstellungen bediente[40].

---

[34]Eichhorn, Rechtsgeschichte S. 433

[35]Eichhorn, S. 429

[36]Eichhorn, Rechtsgeschichte, S. 434

[37]Eichhorn, S. 429 f.

[38]Eichhorn, S. 424 und S. 622

[39]Eichhorn, S. 428

[40]Vgl. hierzu: Stintzing/Landsberg, S. 324

3. Karl Josef Anton Mittermaier

Mittermaier, dessen Dozententätigkeit die Gebiete des Strafprozesses, des Deutschen Privatrechts sowie der Deutschen und Römischen Rechtsgeschichte umspannte, bediente sich zur Beurteilung des positiven Rechts der Mittel der Rechtsvergleichung sowie der Rechtsgeschichte[41].
Die Geschichtsauffassung Mittermaiers geht dabei jedoch über die rein geschichtlich ausgerichtete Lehre der historischen Rechtsschule insofern hinaus, als nach seiner Anschauung das überkommene Recht daraufhin überprüft werden muß, inwieweit es noch den bestehenden Lebensverhältnissen entspricht und gerecht wird[42]. Aufgabe der Rechtswissenschaft ist es nach Mittermaier, anhand des geschichtlichen Stoffes den Wandel der Umstände zu verfolgen, und ihm durch Umgestaltung bzw. Eliminierung einzelner Rechtsinstitute Rechnung zu tragen.
Mittermaier betätigte sich neben seiner wissenschaftlichen Arbeit auch politisch. Ab 1826 war er Mitglied der badischen Gesetzgebungskommission und von 1831 bis 1840 sowie von 1846 bis 1849 war er badischer Landtagsabgeordneter. 1848 wurde Mittermaier in die verfassungsgebende Paulskirchenversammlung gewählt[43].
Die politische Haltung Mittermaiers wird als liberal bezeichnet, wobei er sich insbesondere für die Freiheit des Volkes sowie für eine Verbesserung der bestehenden gesellschaftlichen und rechtlichen Verhältnisse eingesetzt hat[44]. Unter Mittermaiers Mitwirkung kam es u.a. im Bereich der Ablösungsgesetzgebung und der bürgerlichen Prozeßordnung zu wichtigen Reformen.[45]
Dieser politischen Grundeinstellung entspricht es, daß Mittermaier in seinem Werk "Grundsätze des gemeinen deutschen Privatrechts", der Umarbeitung seines erstmals 1821 erschienen "Lehrbuch des deutschen Privatrechts", die Aufhebung der Feudalverhältnisse durch die Ablösungsgesetzgebung als einen wichtigen Schritt zur Verbesserung der Stellung der Bauern sowie zur Sicherung der bürgerlichen Gesell-

---

[41]Schröder in Kleinheyer/Schröder, S. 274

[42]Mittermaier, AcP 31, S. 96

[43]Schröder in Kleinheyer/Schröder, S. 274

[44]Goldschmidt, AcP 50, S. 429 f.; Busz, S. 89

[45]Goldschmidt, AcP, S. 429

schaft wertet[46]. Die bäuerlichen Lasten auf den Gütern sind in seinen Augen Freiheitsbeschränkungen und "verderbliche Hindernisse besserer Cultur"[47]. Als Gründe für die Ablösungsgesetze nennt Mittermaier die zunehmende Ausbildung der Staatswirtschaft, die Verschmelzung der Stände sowie das Aufkommen der Idee von der Gleichheit sämtlicher Menschen[48]. Mittermaier, der in seiner Funktion als Abgeordneter -wie bereits angesprochen- an der Ablösungsgesetzgebung mitgewirkt hat[49], führt in diesem Zusammenhang auch unterschiedliche Varianten der Ablösung auf[50].

Trotz dieser ausführlichen Auseinandersetzung mit der Beseitigung des gutsherrlichen Obereigentums fordert Mittermaier in dem mit "Ober-und Nutzeigenthum" überschriebenen § 156 seines Werkes "Grundsätze des gemeinen deutschen Privatrechts", daß der Begriff des geteilten Eigentums im deutschen Recht beibehalten wird[51].

Bereits in seinen einleitenden Ausführungen zum Eigentum weist Mittermaier darauf hin, daß sich der Eigentumsbegriff des römischen Rechts von dem des deutschen Rechts unterscheide, wobei der hauptsächliche Unterschied darin liege, daß dem deutschen Grundeigentum durch die Verbindung zum Lehensrecht eine politische Bedeutung zukomme[52]. Der deutschrechtliche Eigentumsbegriff differenziere insofern zwischen dem echten und unbelasteten Eigentum sowie einem abgeleiteten Eigentum, das dadurch entstehe, daß der echte Eigentümer innerhalb der "Güterverleihungssysteme" einem anderen die umfassende Nutzung des Gutes überläßt. Es komme hierdurch zur Ausbildung von zweierlei Eigentum, dem Nutzeigentum und dem Obereigentum[53].

Die Begriffe des Ober-und Nutzeigentums definiert Mittermaier wie folgt:

"Das Obereigenthum ist der Inbegriff von Prioritätsrechten auf eine von einem Anderen vermöge seines Nutzeigenthums benützte Sache mit dem eventuellen

---

[46]Mittermaier, S. 261 f.

[47]Mittermaier, S. 477

[48]Mittermaier, S.261

[49]Busz, S. 94

[50]Mittermaier, S. 262 ff.

[51]Mittermaier, S. 416

[52]Mittermaier, S. 363

[53]Mittermaier, S. 363

Rechte des Heimfalls des Guts an den Obereigenthümer in gewissen Fällen, verbunden mit Vindication; Nutzeigenthum ist dagegen das Recht auf eine einem Andern als Obereigenthümer gehörige Sache, welches nicht blos alle Nutzungs-, sondern auch gewisse durch das Recht des Obereigenthümers begränzte Prioritätsrechte mit Verfügungsrecht über die Substanz der Sache gewährt"[54].

Mittermaier ist der Ansicht, daß die durch Praxis und Gerichtsgebrauch anerkannte Position des Nutzeigentümers nur durch die Rechtsfigur des geteilten Eigentums im soeben beschriebenen Sinn zutreffend charakterisiert werden kann, so daß sie bereits aus diesem Grund im deutschen Recht nicht aufgegeben werden könne[55]. Insbesondere sind nach Mittermaier die rechtlichen Regeln über die Pacht und den Nießbrauch nicht geeignet, die Rechtsstellung des Nutzeigentümers treffend zu umreißen. Gegen Eichhorn und Puchta gerichtet stellt er auch klar, daß es sich bei dem Nutzeigentum nicht um ein beschränktes dingliches Recht handle[56].

In Anbetracht dieser eindeutigen Stellungnahme Mittermaiers gegen eine Charakterisierung des Nutzeigentums als Pacht, Nießbrauch oder beschränkt dingliches Recht erscheint die Kritik Wagners[57] verfehlt, der anhand der soeben dargestellten Mittermaierschen Definition des Nutzeigentums Mittermaier vorwirft, er sei einer klaren Entscheidung hinsichtlich der dogmatischen Einordnung des geteilten Eigentums aus dem Weg gegangen und habe somit zur Klärung dieser Frage nicht beigetragen. Mittermaier hat sich vielmehr eindeutig dafür ausgesprochen, daß das geteilte Eigentum nach den Grundsätzen des Eigentums zu behandeln sei. Das geteilte Eigentum ist nach Mittermaier gerade dadurch gekennzeichnet, daß das Eigentum zwei Personen derart zugeordnet ist, daß beiden Eigentumsbefugnisse zustehen:

"... dies Institut des geteilten Eigenthums ..., ... bei welchem zwei Personen als Eigenthümer der nämlichen Sache in der Art betrachtet werden, daß der Eine das Nutzungsrecht und die Proprietät, der Andere die übrigen Theile der Proprietät der Sache hat"[58].

Mittermaier stimmt mit Thibaut darin überein, daß das Rechtsinstitut des geteilten

---

[54]Mittermaier, S. 415

[55]Mittermaier, S. 415

[56]Mittermaier, S. 416

[57]Wagner, S. 73 f.

[58]Mittermaier, S. 415

Eigentums dem klassischen römischen Recht fremd gewesen sei. Er wirft Thibaut jedoch vor, daß er bei der Beurteilung des geteilten Eigentums diesem Umstand zu große Bedeutung beigemessen habe und deshalb die praktische Bedeutung des geteilten Eigentums verkannt habe[59].

Den Ursprung der Lehre vom geteilten Eigentum sieht Mittermaier bei den Glossatoren, die in dem Bemühen, die deutschen Rechtsverhältnisse mit römischen Begriffen zu erfassen, wegen der Tatsache, daß dem Lehensmann eine Vindikationslage zugestanden wurde, zunächst für das Lehensrecht den Begriff des dominium utile prägten[60]. Mit der Ausdehnung dieses Begriffs auf andere Rechtsverhältnisse habe sich im Laufe der Zeit die durch "entschiedenen" Gerichtsgebrauch und Praxis gefestigte Lehre vom geteilten Eigentum[61] entwickelt. Nach dieser Praxis steht gemäß Mittermaier dem Obereigentümer die Verfügungsbefugnis über die Sache sowie die Vindikation gegenüber unberechtigten Dritten zu. Der Nutzeigentümer hingegen dürfe die Sache benutzen, vererben, von Dritten herausverlangen und über sie verfügen, soweit dadurch das Recht des Obereigentümers nicht beeinträchtigt werde. Im Innenverhältnis zum Obereigentümer sei der Nutzeigentümer zum sorgfältigen Umgang mit der Sache verpflichtet[62].

Als Erscheinungsformen des geteilten Eigentums nennt Mittermaier vor allem die Familienfideikommisse[63] sowie die Lehensverhältnisse[64].

Mittermaier war sich aber durchaus darüber im klaren, daß zumindest den Lehensverhältnissen nahezu keine praktische Bedeutung mehr zukam. Dies zeigt bereits seine ausführliche Darstellung der Ablöseproblematik sowie die Tatsache, daß in seinem Privatrechtslehrbuch keine zusammenhängende Darstellung des Lehensrechts vorhanden ist.

Trotz dieser Erkenntnis von der zunehmend geringer werdenden praktischen Bedeutung des geteilten Eigentums sowie seiner Überzeugung von der Notwendigkeit der Aufhebung der Feudalverhältnisse[65] begründet Mittermaier seine Forderung nach

---

[59]Mittermaier, S. 416 Fn. 15

[60]Mittermaier, S. 414 f.

[61]Mittermaier, S. 416

[62]Mittermaier, S. 416

[63]Mittermaier, S. 387

[64]Mittermaier, S. 414

[65]Mittermaier, S. 261

einem Festhalten an dem Institut des geteilten Eigentums vor allem damit, daß diese Rechtsfigur durch eine "entschiedene Praxis"[66] und einen "entschiedenen Gerichtsgebrauch"[67] anerkannt sei.
Diese Begründung steht in einem auffälligen Widerspruch zu Mittermaiers "pragmatischer"[68] Geschichtsauffassung. Im Hinblick auf sein Geschichtsverständnis verwundert es, daß Mittermaier, obwohl er die geänderten Verhältnisse realisiert hat, das geteilte Eigentum einfach als ein "nun einmal in der Praxis angenommenes Verhältnis"[69] akzeptiert. Vielmehr hätte man erwartet, daß er seinem Geschichtsverständnis entsprechend überprüft hätte, inwieweit das geteilte Eigentum den bestehenden Verhältnissen noch entspricht. Dies bleibt er jedoch schuldig.

4. Romeo Maurenbrecher

Romeo Maurenbrecher wird als der bedeutendste rheinische Vertreter des germanistischen Zweigs der historischen Rechtsschule angesehen[70]. Seine Grundhaltung wird als äußerst konservativ bezeichnet[71]. Dieser Einstellung entsprechend steht Maurenbrecher der Aufhebung des Obereigentums im Lehenswesen eher kritisch gegenüber. So merkt er etwa in Bezug auf die Allodifikationsgesetzgebung, die er vorwiegend auf staatsrechtliche sowie humanitäre Motive zurückführt[72], an, "ob dies aber der geeignete Weg ist, die Wohlfahrt der ganzen bürgerlichen Gesellschaft und insbesondere die politische Glückseligkeit des Bauernstandes zu befördern, bleibt dahingestellt"[73]. Mit besonderer Zurückhaltung begegnet er dabei, im Gegensatz etwa zu Mittermaier und Bluntschli, dem aufkommenden Freiheits- und Gleichheitsgedanken[74].
Dieser skeptischen Haltung gegenüber den Umständen, die dazu beigetragen haben,

---

[66]Mittermaier, S. 416

[67]Mittermaier, S. 415

[68]Schröder in Kleinheyer/Schröder, S. 274

[69]Mittermaier, S. 381

[70]Busz, S. 97; Stintzing/Landsberg, S. 398

[71]Busz, S. 97 m.w.N.

[72]Maurenbrecher, S. 890

[73]Maurenbrecher, S.904 f.

[74]Maurenbrecher, S. 890

daß die praktische Bedeutung des geteilten Eigentums schwand, sowie seiner konservativen Grundeinstellung entspricht es, daß Maurenbrecher in seinem Werk "Lehrbuch des heutigen gemeinen deutschen Rechts" die Lehre vom Nutz- und Obereigentum ohne nähere Begründung als "durch die Praxis und spätere Gesetzgebung vollständig befestigtes"[75] geltendes Recht darstellt[76].

Im Anschluß an Thibaut geht Maurenbrecher mit der herrschenden Meinung davon aus, daß die Entstehung der Lehre vom geteilten Eigentum auf ein Mißverständnis der Glossatoren zurückzuführen sei, die aus der Gewährung einer rei vindicatio auf die Existenz eines Nutzeigentums als Klagegrundlage schlossen [77]. Einen weiteren Entstehungsgrund erblickt er daneben darin, daß in vereinzelten Fällen der unvollkommenen Gewere, ebenfalls aufgrund eines Mißverständnisses, statt eines bloßen Nutzungsrechts (ius in re aliena) dem Berechtigten Eigentum zuerkannt worden sei[78].

Das Wesen des geteilten Eigentums, das er auch als dominium divisum bezeichnet, charakterisiert Maurenbrecher als "eine Zersplitterung des Eigenthums in zwei ungleichartige Theile zwischen einem Eigenthümer; welcher bloße Rechte auf die Substanz (Proprietätsrechte) behält, und einem andern, der alle Nutzungen des Grundstücks neben gewissen Proprietätsrechten hat. Ersterer heißt Obereigenthümer (dominus directus, Gutsherr, seigneur), letzterer Untereigenthümer (dominus utilis, Nutzungseigenthümer)"[79].

Als unverzichtbare und wesensbestimmende Kriterien für das Obereigentum sieht Maurenbrecher das Recht zur Wiederverleihung, das Recht des Rückfalls sowie das Recht zur Einziehung (Caducität) an[80]. Zu den konstitutiven Merkmalen des Nutzeigentums rechnet er das Recht, das Grundstück vollständig zu nutzen, das Recht, über die Substanz zu verfügen, sofern diese dadurch nicht verschlechtert wird, und schließlich das Recht zur gerichtlichen Verfolgung der Sache. Daneben muß nach

---

[75]Maurenbrecher, S. 229

[76]Gemäß den Ausführungen unter § 8 der Einleitung beschränkt sich der Inhalt des Lehrbuchs "auf das heutzutage noch gültige Privatrecht, im Gegensatze desjenigen, was seine Anwendbarkeit verloren hat. Letzteres fällt der deutschen Staats- und Rechtsgeschichte anheim."

[77]Maurenbrecher, S. 229

[78]Maurenbrecher, S. 229

[79]Maurenbrecher, S. 229

[80]Maurenbrecher, S. 230, S. 290 und S. 914

Maurenbrecher die Rechtsposition vererblich sein[81]. Seien diese Kriterien im Einzelfall erfüllt, so würden beide Berechtigten von der Praxis sowohl im Zivilrecht als auch im öffentlichen Recht, etwa hinsichtlich der Steuern, als Eigentümer behandelt[82].

Trotz dieses Verweises auf die Praxis, welche die als Nutzeigentum bezeichnete Rechtsstellung nach den Grundsätzen des Eigentums behandelt, geht aus den Ausführungen von Maurenbrecher nicht klar hervor, welche dogmatische Einordnung des geteilten Eigentums er selbst vornimmt.

Bereits seine Darstellung der Entwicklungsgeschichte des geteilten Eigentums, wonach dieses unter anderem auf eine unzutreffende Eingruppierung von bestimmten Nutzrechten als Eigentum statt als beschränkt dingliche Rechte zurückzuführen sei, läßt nämlich durchaus Zweifel zu, ob Maurenbrecher das Nutzeigentum den Grundsätzen über das Eigentum unterstellt. In diesem Zusammenhang fällt weiter auf, daß Maurenbrecher diejenigen Rechtsinstitute, die er in dem Abschnitt "Getheiltes und ungetheiltes Eigenthum" als Erscheinungsformen des geteilten Eigentums ansieht, nämlich Lehen, Emphyteuse, Hofrecht, Erbzinsverhältnis und Erbpacht[83], an anderer Stelle als mit Besitz verbundene Rechte am Eigentum eines anderen bezeichnet. Wobei er allerdings hinzufügt, daß es sich dabei eigentlich um Nachbildungen des Eigentums handle[84].

Maurenbrecher vermeidet erkennbar eine Festlegung hinsichtlich der Stellung des geteilten Eigentums im System der Rechtsbegriffe. Auch seine Stellungnahme zum Theorienstreit über das geteilte Eigentum in der ersten Auflage seines deutschen Privatrechts bringt keine Klärung. Er schreibt dort:

"... und was man dagegen gesagt hat, läuft auf einen leeren Wortstreit hinaus. Allenfalls, daß man sich, der Theorie nach, den Nutzungseigenthümer als einen Berechtigten in re aliena, aber mit vollen Nutzungs- und einigen Proprietätsrechten denken kann: in der Praxis gelten beide hier conkurrirende Personen als Eigenthümer"[85].

In der zweiten Auflage des Werkes bezieht er eine ähnlich ausweichende Position:

---

[81]Maurenbrecher, S. 230

[82]Maurenbrecher, S. 230

[83]Maurenbrecher, S. 230 f.

[84]Maurenbrecher, S. 220 f.

[85]Maurenbrecher, S. 229 f.

"Versteht sich, daß man den Nutzungseigenthümer als einen Berechtigten in re aliena denken muß; aber er hat dem Eigenthümer so nahekommende Rechte, daß man ihn recht wohl Eigenthümer nennen kann, um die exorbitanten erblichen Nutzungsrechte zu bezeichnen, wofür das geschriebene gemeine Recht weder Wort noch Begriff hat."

Die Bezeichnung "Nutz" stelle allerdings klar, daß "der Nutzungseigenthümer, seinem Gutsherrn gegenüber, zwar ein Nichteigenthümer ist, daß er aber vor der Welt als Eigenthümer auftreten kann, da sein Verhältnis zu seinem Gutsherrn dritte Personen nichts angeht, wenn dieser ihn als Eigenthümer sich gerieren läßt"[86].

Die Schwierigkeiten Maurenbrechers bei der dogmatischen Einordnung des geteilten Eigentums sind dadurch bedingt, daß Maurenbrecher einerseits die Selbständigkeit des deutschen Privatrechts betont[87] und deshalb auch am geteilten Eigentum als einem Grundbegriff des deutschen Rechts festhält[88], andererseits aber in seiner Eigentumslehre vom römisch-rechtlichen Eigentumsbegriff ausgeht[89]:

"Unter Eigenthum im eigentlichen Sinn begreift man das Recht, über eine Sache nach Willkühr zu verfügen und Einwirkungen Anderer beliebig davon auszuschließen. Der Eigenthümer hat ein ausschließliches und ein unbeschränktes Recht"[90].

Mit diesem absoluten Eigentumsbegriff ist die Annahme einer Zersplitterung des Eigentums wie beim geteilten Eigentum (dominium divisum) schlechterdings nur schwer vereinbar. Maurenbrecher versucht das Problem dadurch zu lösen, daß er letztlich bezüglich des Nutzeigentums auf die Konstruktion eines relativen Eigentums ausweicht, wie seine zitierten Ausführungen in der zweiten Auflage seines Privatrechtslehrbuchs zeigen[91]: Der Nutzeigentümer hat im Außenverhältnis gegenüber Dritten die Stellung eines Eigentümers, während er im Innenverhältnis zum Obereigentümer lediglich ein mit weitreichenden Befugnissen versehenes Recht hat. Von den Instituten des geteilten Eigentums, die er zu den wichtigsten im Sachenrecht überhaupt rechnet[92], stellt Maurenbrecher in seinem Privatrechtslehrbuch die

---

[86] Maurenbrecher, S. 521 und S. 524

[87] Maurenbrecher, S. 103 f.

[88] Maurenbrecher, S. 230

[89] So auch Wagner, S. 74; Busz, S. 98

[90] Maurenbrecher, S. 225

[91] Vgl. auch Wagner, S. 74

[92] Maurenbrecher, S. 230

Erbpacht, das Erbzinsrecht sowie das Hofrecht dar, während er das Lehensrecht als eine eigenständige Materie ausklammert[93].

Maurenbrecher sieht die Erbpacht, das Erbzinsrecht sowie das Hofrecht als dem deutschen Privatrecht eigene Formen der gutsherrlich- bäuerlichen Verleihung an, denen gemeinsam ist, daß dem Bauern die Befugnisse des Nutzeigentums zustehen[94]. Diese drei Erscheinungsformen der unfreien Bauerngüter unterscheiden sich Maurenbrecher zufolge aber in der Art der Leistungen, die an den Obereigentümer zu erbringen sind[95].

Als weitere Erscheinungsform des geteilten Eigentums führt Maurenbrecher die Berg(werks)gerechtigkeit an[96]. Das Recht zum Bergbau (Bergregal) stehe ausschließlich dem Landesherrn zu[97]. In der Form der Spezialverleihung bzw. der gebräuchlicheren Form der Freierklärung[98] könne der Landesherr die Befugnis zum Bergbau (Berggerechtigkeit)[99] an Dritte verleihen. Aufgrund des bei der Verleihung der Berggerechtigkeit geschlossenen "bergrechtlichen Contracts" erhalte der Beliehene das dominium utile am Bergwerk, während der Landesherr Obereigentümer bliebe[100].

Eine Anwendung der Lehre des geteilten Eigentums auf die Fideikommisse lehnt Maurenbrecher hingegen entschieden ab[101].

5. George Phillips

George Phillips, dem wegen seiner geschichtsromantischen und restaurativen

---

[93]Maurenbrecher, S. 221 und S. 912

[94]Maurenbrecher, S. 912

[95]Maurenbrecher, S. 912; zu den einzelnen Verpflichtungen des Nutzeigentümers: Hofrecht, S. 913 ff; Erbpacht S. 915 ff.; Erbzinsrecht, S. 917 ff.

[96]Maurenbrecher, S. 293

[97]Maurenbrecher, S. 286

[98]Maurenbrecher, S. 289 f.

[99]Definition bei Maurenbrecher, S. 288 f.: "In einem eigenen Sinne heißt Bergwerksgerechtigkeit das Recht, ein einzelnes aufgefundenes Mineral, welches in 'Gängen' und 'Flözzen' streicht, bergmännisch zu gewinnen; eine Bedeutung, die mit der heutigen Art der Bergverleihung zusammenhängt".

[100]Maurenbrecher, S. 293

[101]Maurenbrecher, S. 237

Vorstellungen innerhalb der Germanistik eine Sonderstellung eingeräumt wird[102], nahm als Ausgangspunkt für seine Eigentumslehre den deutschrechtlichen Begriff der Gewere. Gewere bedeutete für Phillips die rechtmäßige Herrschaft eines Menschen über eine Sache[103].

Dieses Herrschaftsverhältnis war aber nach Phillips im Gegensatz zu der römischen Proprietas kein ausschließliches, sondern die Herrschaft konnte gleichzeitig auch mehreren Personen gemeinsam zustehen. Dies hatte laut Phillips zur Folge, daß eine Teilung der Gewere unter mehrere Berechtigte möglich war[104]. Diese Teilbarkeit der Gewere sei darauf zurückzuführen, daß diese im Gegensatz zum Eigentumsbegriff des römischen Rechts nicht das Resultat einer philosophischen Abstraktion gewesen sei, sondern sich entsprechend den praktischen Lebensbedürfnissen entwickelt habe[105]. Eine maßgebende Rolle kommt dabei nach Phillips dem im germanischen Recht verwurzelten "organischen Lebenstriebe" zu, der durch die Bande der Treue und des Eides die verschiedenen Berechtigungen zu einer harmonischen Herrschaft verbinde[106].

Der Begriff der Gewere im soeben dargestellten Sinne sei im Laufe der Zeit dann durch den Ausdruck Eigentum ersetzt worden, so daß das Eigentum auch diejenigen Rechtsverhältnisse umfaßte, bei denen nach dem bisherigen Recht eine Teilung der Gewere vorgelegen habe[107]. Aufgrund dieser Gleichsetzung von Gewere und Eigentum kommt Phillips zu dem Schluß, daß dem deutschen Recht der Begriff eines geteilten Eigentums durchaus gewesen sei:

"Demgemäß bedeutet Eigenthum bei uns nicht bloß die strenge römische Proprietas, sondern umfaßt noch mehrere andere Verhältnisse, bei welchen nach älterem Rechte eine Gesammtgewehre oder eine Theilung der Gewere Statt gefunden hat; deshalb ist dem heutigen Rechte der Begriff von Gesammteigenthum und getheiltem Eigenthum nicht fremd"[108].

---

[102]Busz, S. 133 m.w.N.

[103]Phillips, S. 2

[104]Phillips, S. 2 und S. 19

[105]Phillips, S. 8

[106]Phillips, S. 8 f.

[107]Phillips, S. 10 und S. 19

[108]Phillips, S. 10; gegen diese Herleitung des geteilten Eigentums aus dem deutsch-rechtlichen Institut der Gewere wendet sich Wagner (S. 74), der in der Definition der Gewere durch Phillips

Wie bereits aus dem vorstehenden Zitat unschwer zu sehen ist, hatte Phillips jedoch erkannt, daß dieser Gedanke einer Teilung der Eigentümerbefugnisse dem römischen Recht gänzlich unbekannt war. Die Rezeption des römischen Rechts in Deutschland hätte nach Phillips somit an und für sich zum Verschwinden des geteilten Eigentums führen müssen[109],weil mit dem römisch-rechtlichen Eigentumsbegriff ein mehrfaches Gewaltverhältnis an Sachen nicht vereinbar ist.

Den Umstand, daß dennoch auch nach der Rezeption des römischen Rechts in Deutschland dem Begriff des geteilten Eigentums noch eine gewichtige Rolle zukam, führt Phillips auf den Einfluß der Schule der Glossatoren zurück. Phillips vertrat die Auffassung, daß nicht das klassische römische Recht, sondern das römische Recht in der Form, die es durch die Bearbeitung der Glossatoren erhalten hatte, rezipiert worden sei[110].Den Glossatoren sei aber bereits die Rechtsfigur des dominium utile bekannt gewesen. Ausgelöst durch die zunehmende germanische Bevölkerung in Italien, habe sich der Inhalt des germanischen Lehenssystems, das seinerseits auf die Teilung der Gewere zurückzuführen sei, in Italien durchgesetzt. Die Vorstellung, daß bei einem Rechtsinstitut eine mehrfache Berechtigung zweier Personen dergestalt besteht, daß jedem der Berechtigten die Sache gehört, sei den Glossatoren also geläufig gewesen. Jedes der Herrschaftsverhältnisse hätten sie dabei in Ermangelung eines passenderen Begriffs als dominium[111] bezeichnet. Ausgehend von dem römischen Klagesystem mit seiner Unterteilung in actiones directae und utiles gaben die Glossatoren lau Phillips dann demjenigen, zu dessen Gunsten die Rechtsteilung erfolgte, die actio utilis. Das dominium utile beruhe seinem Inhalt nach folglich auf dem germanischen Lehenssystem, während sich die Begrifflichkeit aus dem römischen Klagesystem herleite[112].

Die Theorie von Phillips, wonach das geteilte Eigentum seine Existenz im deutschen Recht dem von den Glossatoren entwickelten dominium utile verdankt, hat

---

als rechtmäßige Herrschaft eines Menschen über eine Sache eine Überschätzung und Verkennung ihrer Bedeutung sieht. Nach Wagner (aaO) waren Gewere lediglich die Herrschaftsform, in der ein Recht an einer Sache seinen greifbaren Ausdruck fand.

[109]Phillips, S. 20

[110]Phillips, S. 24

[111]Phillips, S. 20

[112]Phillips, S. 22

zur Konsequenz, daß er nur bei den Instituten, welche die Glossatoren dem dominium utile unterstellt hatten[113], ein geteiltes Eigentum anerkennt[114].
Die Existenz des geteilten Eigentums hält Phillips auch für sachlich gerechtfertigt, da man nur mit seinen Eigentümlichkeiten den deutschrechtlichen Verhältnissen, so zum Beispiel der Stellung des Vasallen, gerecht werde. Die Behandlung als dingliches Recht an einer fremden Sache bringe die umfassenden Rechte des Vasallen nicht hinreichend zum Ausdruck[115]. Phillips begrüßt es daher, daß sowohl Praxis als auch Gesetzgebung an der Lehre vom geteilten Eigentum festhielten[116].

6. Ferdinand Walter

In seinem Lehrbuch "System des gemeinen deutschen Privatrechts" stellt Ferdinand Walter bereits zu Beginn seiner Ausführungen über das Eigentum fest, "unsere ganze Denkweise in der Eigentumslehre ist daher jetzt römisch"[117].
Walter selbst vertritt, entsprechend dieser Erkenntnis, ebenfalls den römischrechtlichen Eigentumsbegriff[118], hält aber dennoch an dem Institut des geteilten Eigentums fest, da es sich bei ihm um "einen in unser Recht eingebürgerten Begriff" handle. Auch logisch widerspreche das geteilte Eigentum nicht dem Eigentumsbegriff[119].
In Übereinstimmung mit der ganz herrschenden Meinung ist Walter der Auffassung, daß dem römischen Recht die Unterscheidung eines Nutz- und Obereigentums fremd gewesen sei. Ausschlaggebend für die Ausbildung der Lehre vom dominium directum und dominium utile war nach Walter, daß die Glossatoren aufgrund ihrer Auffassung des Verhältnisses von Klage und Recht dem Vasallen, dessen Beneficium erblich geworden und durch eigene Klagerechte geschützt war, in Anlehnung an

[113]Dies waren Locatio ad longum tempus, Contractus libellarius, Precaria, Emphyteuse, Superficies und Lehen, Phillips, S. 21

[114]Phillips, S. 24

[115]Phillips, S. 24

[116]Phillips, S. 25

[117]Walter, S. 118

[118]Walter, S. 117: " Das Verhältnis der vollen und ausschließlichen Herrschaft über eine Sache, die das Wesen des Eigentums ausmacht..."

[119]Walter, S. 138 f.

die Emphyteuse ein dominium utile zuschrieben. Dem zunächst im Sinne des römischen Klagerechts benutzten Wort "utile" sei dann im Laufe der Zeit die Bedeutung von "Nutz" beigelegt worden und in diesem Sinne auch in die Reichsgesetze aufgenommen worden[120].

Der Umstand, daß dem einen das nutzbare Eigentum und dem anderen das Obereigentum zusteht, führt nach Walter zu der Entstehung von Miteigentum. Diese Form des Miteigentums sei dadurch gekennzeichnet, daß keine quotenmäßige Teilung des Eigentums, sondern eine Teilung der verschiedenen Eigentumsbefugnisse erfolge[121].

Die einzelnen Befugnisse sind dabei laut Walter derart aufgespalten, daß dem Nutzeigentümer neben der Sachnutzung das Recht zur Veräußerung und Vererbung zusteht. Außerdem stehen ihm gegenüber Dritten sowohl die petitorischen als auch die possessorischen Klagen zu[122]. Der Obereigentümer habe demgegenüber die "nackte Proprietät", das Recht zur Zustimmung bei der Veräußerung und das Recht zur Entziehung im Falle der Erblosigkeit[123]. Die Pflicht des Nutzeigentümers zur Erbringung von Leistungen an den Obereigentümer stellt dagegen nach Walter kein zwingendes Kriterium dar[124].

Weitere allgemeine Regeln, die auf alle Fälle eines geteilten Eigentums Anwendung finden, sind nach Walter, daß der gefundene Schatz als eine außerordentlicher Form der Nutzung dem Nutzeigentümer zustehen muß, sowie daß bei Wegfall des Nutzeigentums Konsolidation eintritt[125]. Im umgekehrten Fall, dem Wegfall des Obereigentums, solle jedoch keine Appropriation stattfinden, da das Nutzeigentum lediglich aus dem Obereigentum abgeleitet sei[126].

Als praktische Erscheinungsformen des geteilten Eigentums nennt Walter das Lehen, die Superficies, die Emphyteuse sowie die Bauerngüter[127].

Er beschränkt sich dabei jedoch auf die Feststellung, daß der Begriff des geteilten

---

[120]Walter, S. 138

[121]Walter, S. 139

[122]Walter, S. 137

[123]Walter, S. 137

[124]Walter, S. 137

[125]Walter, S. 139

[126]Walter, S. 151

[127]Walter, S. 138

Eigentums auf diese Rechtsfiguren angewandt wurde und noch angewandt wird, ohne dabei sich mit der Frage auseinanderzusetzen, inwieweit diesen Instituten überhaupt noch im gegenwärtigen Recht eine praktische Bedeutung zukommt. Dieser Haltung entspricht es, daß er das geteilte Eigentum als einen in Praxis und Gesetzgebung anerkannten Begriff akzeptiert, ohne auf die von Seiten der Romanistik gemachten Angriffe gegen das geteilte Eigentum auch nur mit einem einzigen Wort einzugehen.
Walter bemüht sich auch nicht um eine fundierte dogmatische Erfassung des geteilten Eigentums, sondern beschränkt sich weitgehend darauf, seine rechtsgeschichtliche Entwicklung nachzuvollziehen. Hieraus erklärt sich auch, daß er im Gegensatz zu Maurenbrecher trotz seines römisch-rechtlichen Eigentumsbegriffs keine Probleme bei seinem Festhalten am geteilten Eigentum sieht.

7. Georg Beseler

Georg Beseler war in seinem wissenschaftlichen Werk stets darum bemüht, das nationale deutsche Recht zu stärken und dadurch das Recht wieder volkstümlicher zu machen. Sein Anliegen war es, das durch die rechtsschöpferische Kraft des Volkes geschaffene Volksrecht gegenüber dem Juristenrecht, welchem der "Volksgeist" fehle, wieder stärker zur Geltung zu bringen. Aus diesem Grund betrachtet er auch die Rezeption des römischen Rechts als ein "nationales Unglück", da es sich bei dem römischen Recht um ausschließliches Juristenrecht handle. Dieser Grundhaltung entsprechend, stellt Beseler in seinem erstmals 1847 erschienen Hauptwerk "System des gemeinen deutschen Privatrechts" die heimischen Rechtsverhältnisse in einem deutschen System dar.
In seiner Eigentumslehre geht Beseler allerdings davon aus, daß sich auch in Deutschland die römische Eigentumslehre durchgesetzt habe[128].
Nach Beseler ist das römische Eigentum vor allem von der Vorstellung des Eigentums als einem unbeschränkten und unteilbaren Recht an einer Sache geprägt[129]:

---

[128]Beseler, S. 291

[129]Beseler, S. 919; Beseler, Erbverträge, S. 75 und S. 77

"... das Recht selbst, die proprietas, ist seinem Begriff nach untheilbar, denn es ist ein ausschließendes, unbedingtes"[130].
"Das römische Eigenthum ist in soweit unbegrenzt, als es nicht in einem besonderen Fall beschränkt ist, aber eine solche Beschränkung kann nicht durch die Theilung des Rechts selbst geschehen, sondern nur durch die Ablösung einzelner Bestandteile derselben"[131]
Beseler sieht diesen absoluten römischen Eigentumsbegriff jedoch nicht als eine "logische Notwendigkeit" an, die vorbehaltlos auf die deutschen Verhältnisse anzuwenden sei. Er lehnt deshalb auch eine pauschale Übertragung der römischen Begriffe auf das deutsche Recht ab[132].
Entsprechend seiner erklärten Zielsetzung, durch eine verstärkte wissenschaftliche Auseinandersetzung mit dem deutschen Recht das heimische Volksrecht wieder zur Geltung zu bringen, sieht er es vielmehr als Aufgabe der Wissenschaft, daß diese anhand der deutschen Rechtsinstitute überprüft, inwieweit dieser absolute Eigentumsbegriff des römischen Rechts mit den deutschen Rechtsverhältnissen in Einklang zu bringen ist[133]. Beseler betont somit die Eigenständigkeit der gewachsenen deutschen Rechtsverhältnisse, die sich aufgrund der Lebensbedürfnisse entwickelt haben, gegenüber dem rezipierten römischen Recht.
Hinsichtlich der Unteilbarkeit des Eigentums stellt Beseler dann auch fest:
"Wenn sich nun im deutschen Rechte nachweisen läßt, daß für ähnliche Verhältnisse der Menschen zu den Sachen diese Unterscheidung nicht festgehalten worden ist, so folgt daraus kein logischer Widerspruch; es ergibt sich vielmehr der Satz, daß in solchen Fällen eben kein römisches Eigenthum vorliegt, sondern ein anderes Institut"[134].
Institute, anhand derer sich nachweisen läßt, daß im deutschen Recht das Eigentum nicht als ein unteilbares Recht angesehen werden kann, sind nach Beseler das "Gesammteigenthum" sowie die Lehen und die Bauerngüter[135].
Unter dem "Gesammteigenthum" versteht Beseler eine durch den "corporativen

---

[130]Beseler, Erbverträge, S. 75

[131]Beseler, Erbverträge, S. 78

[132]Beseler, Erbverträge, S. 77 f.

[133]Beseler, Erbverträge, S. 77 f.; Beseler, S. 291

[134]Beseler, Erbverträge, S. 78

[135]Beseler, Erbverträge, S. 87

Trieb" der Deutschen geschaffene Rechtsgemeinschaft[136], die in ihrer Ausgestaltung eine Mittelstellung zwischen den römischen Formen der "communio" und der "universitas" einnehme. Vom geteilten Eigentum unterscheide sich "das Gesammteigenthum" aber gerade dadurch, daß es bei ihm trotz der Berechtigung mehrerer Personen an einer Sache nicht zu einer Aufteilung der Proprietät in ein dominium directum und ein dominium utile komme[137]. Eine solche Aufspaltung der Proprietätsrechte nimmt Beseler hingegen bei den Lehen und den Bauerngütern an[138].
Im Anschluß an die Abhandlung Thibauts "Über dominium directum und utile" geht auch Beseler davon aus, daß die Lehre vom geteilten Eigentum ihren Ursprung nicht im römischen Recht hat, sondern auf einem Mißverständnis des römischen Rechts durch die Glossatoren beruhe[139].
Eine weiterreichende Bedeutung spricht Beseler der Abhandlung von Thibaut jedoch nicht zu. Er mißt der Abhandlung "Über dominium directum und utile" vielmehr nur einen "einseitigen Werth" bei, da Thibaut sich ausschließlich auf gemeinrechtliche Quellen gestützt habe. Aus diesem Grund könne die Abhandlung von Thibaut keine Aussage über die Berechtigung der Lehre vom dominium directum und utile im deutschen Recht treffen[140].
Die Besonderheit des Eigentums im deutschen Recht liege aber gerade darin, daß verschiedenen Personen an demselben Grundstück vielfache Berechtigungen zustehen könnten und daß hinsichtlich dieser Berechtigungskomplexe, anders als im römischen Recht, nicht streng zwischen Eigentum und dinglichem Recht an fremder Sache unterschieden werde[141].
Die Rechtfertigung dafür, die Rechtspositionen des Vasallen bzw. des Bauern als Eigentum zu behandeln, sieht Beseler in erster Linie in der tatsächlichen Bedeutung, die diesen Rechten aufgrund ihres Umfangs und ihrer Dauer zukommt[142]. Insbesondere durch das Hinzukommen der Erblichkeit hätten sich diese ursprünglich

---

[136]Beseler, Erbverträge, S. 80 ff.; als Beispiele nennt Beseler unter anderem die Ganerbschaft und die Gütervereinigung unter Lebenden; vgl. auch Beseler, § 83

[137]Beseler, Erbverträge, S. 88

[138]Beseler, Erbverträge, S. 79

[139]Beseler, S. 293 und S. 758

[140]Beseler, Erbverträge, S. 79, Beseler, S. 438

[141]Beseler, S. 438; vgl. hierzu auch Wagner, S. 78 und Busz, S. 110

[142]Beseler, S. 293 und S. 438

ausschließlich auf persönlichen Bindungen beruhenden Berechtigungen im Lehensverband bzw. innerhalb der Gutsherrschaft so verfestigt und verselbständigt, daß eine Klassifizierung als iura in re aliena ihrer Bedeutung und Stellung innerhalb der Rechtsordnung nicht gerecht werde[143]. Im ersten Teil seiner Habilitationsschrift " Die Lehre von den Erbverträgen" schreibt Beseler hierzu:

"Wenn man den Umfang und die Dauer des Rechts auf Seiten des Vasallen, des Untereigenthümers eines Bauerngutes betrachtet, und dagegen den Keim der Auflösung, welchen der römische Nießbrauch in sich trug: sollte man nicht, abgesehn von der römischen Terminologie, in einer allgemeineren Auffassung jenen Personen mit gutem Recht ein Eigenthum beilegen dürfen?"[144].

Welch großen Wert Beseler auf die Merkmale der Dauer und der Verselbständigung bei der Annahme eines geteilten Eigentums legt, zeigt sich deutlich daran, daß er bei den Bauerngütern dem Bauern kein Untereigentum zubilligt, wenn dessen Recht nicht erblich oder vom Herrn kündbar ist[145]. In diesen Fällen fehlen laut Beseler die für das geteilte Eigentum konstitutiven Merkmale der "Dauer" bzw. der "intensiven Kraft" [146].

Neben der faktischen Bedeutung dieser Rechte zieht Beseler zur Stützung der Lehre vom geteilten Eigentum als weitere Argumente die Anerkennung des Instituts durch die naturrechtlichen Kodifikationen und die Praxis sowie den Einfluß des Systems der Gewere auf das moderne Recht heran[147].

Ferner wertet Beseler den Umstand, daß die Bauerngüter durch die Ablösungsgesetzgebung in volles Eigentum umgewandelt wurden, als Indiz dafür, daß ihnen schon zuvor Eigentumsqualität zugekommen sei[148].

Die Aufteilung der einzelnen Befugnisse zwischen Ober- und Untereigentümer nimmt Beseler dergestalt vor, daß er dem Obereigentümer die Proprietät sowie das Recht zur Zustimmung bei der Veräußerung zuweist. Außerdem stehe ihm regelmäßig gegenüber dem Untereigentümer ein Anspruch auf bestimmte Leistungen zu. Dem Untereigentümer komme hingegen das Recht zur umfassenden Sachnutzung

---

143 Beseler, S. 293 sowie Beseler, Erbverträge, S. 78

144 Beseler, Erbverträge, S. 79

145 Beseler, S.757

146 Beseler, S. 757

147 Beseler, S. 293

148 Beseler, S. 758

zu, das lediglich durch die Pflicht zur Rücksichtnahme auf die Sachsubstanz beschränkt werde. Ein Konsolidationsrecht kommt nach Beseler lediglich dem Ober- jedoch nicht dem Untereigentümer zu. Den Schatz rechnet er zu dem außerordentlichen Ertrag des Grundstücks, so daß der Untereigentümer Eigentümer des gefundenen Schatzes wird[149].

Als Institute des geteilten Eigentums nennt Beseler, wie bereits erwähnt, das Lehen und die Bauerngüter.

Unter Bezugnahme auf die Gesetzgebung, zum Beispiel § 629 des Österreichischen Gesetzbuches, weist er aber darauf hin, daß in den Partikularrechten zum Teil auch die Familienfideikommisse dem geteilten Eigentum zugerechnet werden[150]. Beseler selbst sieht die Familienfideikommisse nicht als Anwendungsfall des geteilten Eigentums. Aufgrund des Generationenwechsels könne die Familie keine Rechtsgemeinschaft bilden, der ein, gegenüber dem jeweiligen Inhaber des Fideikommißgutes selbständiges, Eigentumsrecht zustehen könnte[151].

Das Bergwerkseigentum führt Beseler als weitere Erscheinungsform des geteilten Eigentums an, wobei nach ihm der Bergherr der Obereigentümer und der beliehene Bergbauunternehmer, dem das Eigentum an der Lagerstätte einschließlich der Mineralien zugestanden wurde, der Untereigentümer ist[152].

8. Johann Kaspar Bluntschli

Neben seiner juristischen Arbeit war Bluntschli lange Jahre als Politiker tätig. Sein politisch-praktischer Sinn hat auch seine wissenschaftlichen Arbeiten geprägt. Im Vorwort zu seinem 1853 herausgebrachten "Deutschen Privatrecht" schreibt er dann auch "Die Juristen sollen den Bedürfnissen der Lebenden dienen"[153] und "... denn in demselben Maasse, in welchem das neue Leben Anerkennung findet, wird der veraltete Gedanke aufgelöst und die abgestorbene Form zerfallen. Es gilt das nicht weniger von den römischen als von den mittelalterlichen Antiquitäten: und

---

[149]siehe zu den genauen Befugnissen von Ober- und Untereigentümer im einzelnen die Ausführungen bei Beseler, S. 294

[150]Beseler, S. 727 Fn. 23; Beseler, S. 294

[151]Beseler, S. 727

[152]Beseler, S. 860

[153]Bluntschli, S. VI

unsere Zeit scheint entschlossen, mit beiden aufzuräumen"[154].
Diese praktische Ausrichtung, die alle veralteten Institute über Bord werfen will, in Verbindung mit der ebenfalls im Vorwort geäußerten Zielsetzung, das Privatrecht auf seinen germanistischen Ursprung zu durchleuchten[155], lassen das "Deutsche Privatrecht" von Bluntschli als besonders geeignet erscheinen, um einen Eindruck von der Bedeutung der Lehre vom geteilten Eigentum zu Ende des 19. Jahrhunderts zu gewinnen.
Obwohl Bluntschli die Abschaffung der Leibeigenschaft sowie die Aufhebung der Bodenlasten und des Lehenswesens, also gerade jene Umstände, die der Lehre vom geteilten Eigentum die reale Grundlage entzogen, als Fortschritte in der Entwicklung der Privatwohlfahrt ansieht[156], widmet er in seinem "Deutschen Privatrecht" der Lehre vom Ober- und Nutzeigentum ein eigenes Kapitel[157].
Bluntschli stimmt mit der seit Thibaut herrschend gewordenen Meinung überein, daß sich die Lehre vom Ober- und Nutzeigentum nicht aus dem römischen Recht ableiten lasse, sondern daß sie vielmehr eine Schöpfung der Glossatoren sei, die aus der Unterscheidung zwischen actio directa und actio utilis auf die Existenz eines Nutzungseigentums als Klagegrundlage schlossen[158]. Im Gegensatz zu den Vertretern des romanistischen Zweiges der historischen Schule zieht Bluntschli hieraus jedoch nicht die Folgerung, daß es sich bei dem geteilten Eigentum um ein unsinniges Rechtsinstitut handle, und deshalb nur eine Unterscheidung in Eigentum und beschränkt dingliche Rechte anzuerkennen sei. Bluntschli ist vielmehr der Ansicht, daß die Lehre vom Ober- und Nutzeigentum, die er nur auf das Grundstücksrecht bezieht[159], die deutschrechtliche Differenzierung der Herrschaftsverhältnisse am Boden treffend darstelle. Soweit diesen Rechtsverhältnissen auch im gegenwärtigen Recht noch Bedeutung zukomme, sei zur dogmatischen Behandlung des geltenden Rechts nach wie vor am Begriff des geteilten Eigentums festzuhalten[160].

---

[154]Bluntschli, S. IX

[155]Bluntschli, S.III

[156]Bluntschli, S. VII

[157]Bluntschli, § 60 Ober- und Nutzeigentum

[158]Bluntschli, S. 282

[159]Bluntschli, S. 349

[160]Bluntschli, S. 284 und S. 286

Die Spaltung des Eigentums in ein Nutz- und ein Obereigentum rechtfertigt sich laut Bluntschli aus dem wachsenden tatsächlichen inhaltlichen Umfang der Rechtspositionen des Vasallen und des Bauern sowie der im Laufe der Zeit eingetretenen Verfestigung von deren Rechten. Entscheidendes Kriterium für die Anerkennung eines zwischen mehreren Berechtigten gespaltenen Eigentums ist für ihn somit die Verdinglichung der Rechte, die u.a. aufgrund der hinzugetretenen Vererblichkeit an die Stelle der einstmals rein persönlichen Bindungen im Lehensverhältnis etc. trat: "So lange der Vasall an dem beneficium nur einen mit seinem oder seines Gefolgsherrn Tode endenden Niessbrauch besessen, oder der Bauer nur einen von der Gnade des Grundherrn abhängigen Besitz an dem Hofgut erlangt hatte, so lange war es freilich unpassend, diese Rechte Eigenthum zu nennen. Aber als das Lehen einerseits, das bäuerliche Erbe andererseits umfassender und fester wurde, so konnte es in Frage kommen, ob auch das noch ein blosses dingliches Recht an fremder Sache oder ob es nicht natürlicher sei, dasselbe als ein -wenn auch abgeleitetes- Eigenthum an eigener Sache zu bezeichnen, das man zum Unterschiede vom ursprünglichen Eigenthum des Herrn, welches zwar der Idee nach bei diesem geblieben war, aber doch die Realität im ganzen verlassen hatte, Nutzeigenthum nannte"[161].

Als Beleg für die Richtigkeit seiner Auffassung zieht Bluntschli die historische Entwicklung des Grundeigentums in Europa heran. Gerade der Umstand, daß die Rechtspositionen der Vasallen etc., die ursprünglich als Nutzeigentum bezeichnet wurden, sich im Laufe der Zeit zum Volleigentum entwickelt haben, beweise, daß "in dem dinglichen Rechte derselben schon früher die Anlage zu voller Herrschaft gewesen, die allmählich zuerst zum Nutz- dann zum vollen Eigenthum aufgewachsen ist"[162]. Bluntschli schließt aus dieser Entwicklung, daß diese Rechte auch vor ihrer Erstarkung zum Volleigentum mehr als nur beschränkt dingliche Rechte gewesen seien. Diese auf dem historischen Evolutionsgedanken aufbauende Argumentation Bluntschlis zeigt bereits, daß er die Spaltung des Eigentums in ein Nutz- und Obereigentum als einen durch die Wandlung der Eigentumsverhältnisse bedingten Übergangszustand ansieht. Trotz seines grundsätzlichen Festhaltens am geteilten Eigentum steht Bluntschli diesem Übergangszustand jedoch äußerst

[161]Bluntschli, S. 284 f.

[162]Bluntschli, S. 285 f.

kritisch gegenüber und hält ihn sogar für bedenklich[163]. Diesem kritischen Standpunkt entspricht es, daß er, wie bereits erwähnt, die Umstände, die zum Verschwinden des geteilten Eigentums führten, als Fortschritt lobt[164] und es begrüßt, daß die neuere Gesetzgebung einer Eigentumsspaltung entgegenwirkt[165]. Der Grund für diese Skepsis gegenüber dem als Übergangszustand beschriebenen geteilten Eigentum liegt letztlich in Bluntschlis Eigentumstheorie.

Das wahre Eigentum ist bei ihm durch die Einheit von "Idee" und "Realität" gekennzeichnet[166]. Dieser Gedanke von der Einheit von "Idee" und "Realität" findet sich auch in Bluntschlis Definition des Grundeigentums wieder. Danach ist echtes Grundeigentum "die innerlich vollkommene und ausschließliche Herrschaft des Individuums über ein bestimmtes Grundstück"[167].

Versucht man anhand der oben angeführten Zitate mit der bei derartigen Vergleichen stets erforderlichen Vorsicht, die Begriffe "Idee" und "Realität" in unseren heutigen Sprachgebrauch zu übertragen, so läßt sich das wohl am treffendsten mit "Sachnutzung" für "Realität" und "Sachverfügung" für "Idee" tun.

Indem Bluntschli betont, daß das wahre Eigentum dadurch gekennzeichnet sei, daß in ihm Nutzungs- und Verfügungsbefugnis vereint sind, vertritt er letztlich den liberalbürgerlichen Eigentumsbegriff, der dadurch gekennzeichnet ist, daß bei ihm Verfügungs- und Nutzungsbefugnis zwingend in einer Person vereinigt sein müssen. Die Freiheit des Eigentümers bestand nach der bürgerlichen Eigentumslehre gerade darin, daß ihm sowohl das Nutzungs- als auch das Verfügungsrecht zustand[168].

Zur Sicherung der von ihm als wichtig erkannten Einheit von "Idee" und "Realität" sieht Bluntschli für den Fall des Untergangs des Nutzungseigentums den Heimfall der realen Eigentumsseite an den Obereigentümer vor. Durch Konsolidation erstarke in diesem Fall das bisher um die Nutzungsbefugnis verminderte Obereigentum wieder zum vollen Eigentum[169]. Umgekehrt wächst nach Bluntschli beim Wegfall des Obereigentums die Verfügungsbefugnis dem Nutzeigentum zu, so daß

[163] Bluntschli, S. 286

[164] Bluntschli, S. VII, S. 324

[165] Bluntschli, S. 286

[166] Bluntschli, S. 286

[167] Bluntschli, S. 249

[168] Hattenhauer, S. 89

[169] Bluntschli, S. 287

dieses zum Volleigentum erweitert wird. Als Beispiele nennt Bluntschli hier Appropriation, Aneignung und Allodification[170].

Im Anschluß an seine dogmatischen Ausführungen zur Lehre vom geteilten Eigentum bringt Bluntschli eine Aufzählung der einzelnen Befugnisse von Nutz- und Obereigentümer[171].

Im Außenverhältnis sei dabei beiden gemeinsam, daß sowohl der Nutz- als auch der Obereigentümer das Gut von einem unberechtigten Dritten vindizieren könnten. Das Verhältnis zwischen Ober-und Nutzeigentümer sei dadurch gekennzeichnet, daß letzterer den alleinigen tatsächlichen Nutzen aus dem Grundstück zu ziehen berechtigt sei, dafür aber dem Obereigentümer, dem lediglich noch das Jagd- und Schatzrecht als reale Nutzung verblieben, zur Ehrerbietung in Form von Zinsen, Vasallen- und Hofdiensten etc. verpflichtet bliebe. Diese Verpflichtungen hätten ihre Wurzel darin, daß ursprünglich das Obereigentum das volle Eigentum gewesen sei. Jeder der beiden Eigentümer könne über das ihm zustehende Recht verfügen und es vererben, so daß eben auch der Nutzeigentümer an der Proprietät teilnehme.

Abschließend sei nochmals ausdrücklich betont, daß Bluntschli trotz aller Vorbehalte gegenüber der Spaltung des Eigentums großen Wert darauf legt, daß das geteilte Eigentum als Rechtsinstitut anerkannt wird, soweit ihm im gegenwärtigen Recht noch Bedeutung zukomme. Als solche Fälle eines geteilten Eigentums betrachtet er im Bereich der herrschaftlichen Güter die Verhältnisse an den Gütern der Vogteigenossen und Grundholden[172].

9. Friedrich Julius Stahl

Mit dem Rechtsphilosophen Stahl wird der Kreis der Germanisten überschritten. Allerdings sind die politischen Anschauungen Stahls denjenigen der Hauptvertreter der historischen Schule stark angenähert[173]. Dementsprechend werden seine umfangreichen Ausführungen zum geteilten Eigentum von den germanistischen Befür-

---

[170]Bluntschli, S. 288

[171]Bluntschli, S. 286 ff.

[172]Bluntschli, S. 319

[173]Stintzing/Landsberg, S. 372

wortern des geteilten Eigentums zur Stützung ihrer Auffassung herangezogen[174]. Dies läßt es als angezeigt erscheinen, im folgenden auf Stahls Gedanken zur Lehre vom geteilten Eigentum einzugehen.

Stahl, der sowohl mit den überkommenen Naturrechtslehren als auch mit der Hegelschen Staatsphilosophie unzufrieden war, versuchte anhand christlicher Vorstellungen eine eigenständige Rechtsphilosophie aufzubauen[175]. Dieser Zielvorstellung entsprechend, stellt er im zweiten Band seines Werkes "Philosophie des Rechts" eine "Rechts- und Staatslehre auf der Grundlage der christlichen Weltanschauung" dar.

Im Abschnitt "Privatrecht" dieses Werkes beschäftigt sich Stahl dabei ausführlich mit dem Eigentum. An den Beginn dieses Kapitels stellt er dabei sogleich seine Definition des Eigentums:

"Der Charakter des Vermögens als freie Herrschaft und Verfügung erheischt das Rechtsinstitut, vermöge dessen ein Mensch die gesammte Gewalt über eine Sache hat. Ihm würde nicht die Zersplitterung entsprechen, daß dem Einen diese, dem Anderen jene Handlung an derselben zustände, sondern sie muß Einem ganz und gar als Gegenstand seines Willens dienen, daß er frei über sie schalte. Diese Gesammtbefugnis ist - das Eigenthum"[176].

An anderer Stelle präzisiert er diese anfängliche Definition folgendermaßen:

"Das Eigenthum ist sonach das Recht (die rechtliche Gewalt) über eine Sache in seiner Totalität. Es ist eben deshalb das allgemeine und vollständige Recht an der Sache ... es ist ferner das ursprüngliche und selbständige Recht an der Sache, die anderen dinglichen Rechte setzen das Eigenthum und einen Eigenthümer voraus, den sie beschränken. Es ist endlich ein ausschließliches Recht an der Sache, dagegen können manche andere dinglichen Rechte Mehreren an derselben Sache von einander unabhängig zustehen, z.B. Realservituten"[177].

Anhand der zitierten Textpassagen wird deutlich, daß Stahl von dem absoluten Eigentumsbegriff des klassischen römischen Rechts ausgeht, und er sich entschieden gegen eine Zersplitterung bzw. Aufteilung der einzelnen, aus dem Eigentum entspringenden Befugnisse wendet. Insbesondere darf es nach der Eigentumstheorie

---

[174]Z.B. Gierke, S. 372 Fn. 19; Beseler, S. 293 Fn. 7

[175]Pahlmann in Kleinheyer/Schröder, S. 383

[176]Stahl, S. 291

[177]Stahl, S. 294

von Stahl zu keiner dauerhaften Trennung von Nutzungsrecht und Verfügungs- (= Proprietäts-) recht als den elementaren Eigentumsbefugnissen kommen, da ein isoliertes Verfügungsrecht (nuda proprietas) keinen Bestand haben könne[178]. Das Nutzungsrecht dürfe nur in geringem Umfang bzw. vorübergehend vom Verfügungsrecht abgespalten werden[179].

Nach Stahl ist somit nur eine zeitlich bzw. inhaltlich beschränkte Abspaltung des Nutzungsrechts von der Sachsubstanz möglich.

Ähnlich wie bei Bluntschli begegnet somit auch bei Stahl der Gedanke, daß die voneinander verschiedenen Eigentümerrechte, Nutzungs- und Verfügungsrecht, notwendig vereint sein müssen, um das Eigentum zu seiner vollkommenen Erscheinung zu bringen.

Angesichts dieser zwingenden Verknüpfung von Sachnutzungs- und Verfügungsbefugnis in einer Hand erstaunt es, daß Stahl an dem Begriff des geteilten Eigentums festhält[180], da dieser nach der überkommenen Lehre vom geteilten Eigentum gerade mit einer Aufspaltung der Eigentumsbefugnisse verbunden ist. Stahl versucht diesen Widerspruch zwischen dem von ihm vertretenen Eigentumsbegriff und der Natur des geteilten Eigentums dadurch zu lösen, daß er das geteilte Eigentum nicht als eine unmittelbare Zersplitterung der Eigentümerbefugnisse, sondern als "ein organisches Verhältnis unter den Beteiligten" charakterisiert[181]. In Anlehnung an seine Ausführungen zum "Gesammteigenthum" geht Stahl davon aus, daß auch bei dem geteilten Eigentum neben dem dinglichen Verhältnis zur Sache "organische Bande unter den Personen" bestehen, "die mittelst ihrer Macht über die Personen auch eine Macht über ihre Stellung zur Sache ausüben, und so ein gemeinsames Recht derselben an dieser bewirken"[182].

Nach der Ansicht von Stahl ist das geteilte Eigentum also dadurch gekennzeichnet, daß zwischen den Berechtigten eine personale Beziehung besteht, die auch unmittelbar auf ihre dingliche Rechtsstellung an der Sache einwirkt. In diesem über der rein dinglichen Ebene liegenden höheren "organischen Verhältnis" mehrerer Berechtigter sei gerade das Wesen des geteilten Eigentums begründet, so daß dieses

---

[178]Stahl, S. 295

[179]Stahl, S. 295

[180]Stahl, S. 293 und S. 296

[181]Stahl, S. 294

[182]Stahl, S. 295 f.

durch den, dem römischen Recht entnommenen, Begriff eines ius in re aliena unmöglich zutreffend erfaßt werden könne[183]. Dieser personelle Bezug sei dem römischen Recht nämlich gänzlich unbekannt. Der Vorzug des germanischen Rechts liege generell darin, daß es eine Beeinflussung der Vermögensrechte durch persönliche Beziehungen kenne[184].

Eine Darstellung der inhaltlichen Ausgestaltung dieses "höheren organischen Verhältnisses" enthält das Werk von Stahl in dem Abschnitt, der das geteilte Eigentum behandelt, allerdings nicht. Stahl stellt das geteilte Eigentum jedoch in unmittelbarem Zusammenhang mit dem "Gesammteigenthum" dar, wobei er die Gemeinsamkeit gerade darin sieht, daß bei beiden Instituten die Eigentumsverhältnisse durch ein zwischen den verschiedenen Beteiligten bestehendes persönliches Band bestimmt werden[185]. Dies sowie der Umstand, daß Stahl "Gesammteigenthum" als Sammelbegriff für eine Reihe verwandter Rechtsinstitute verwendet,[186] läßt den Schluß zu, daß die zum "Gesammteigenthum" gemachten Ausführungen weitgehend auf das geteilte Eigentum übertragen werden können. Beim "Gesammteigenthum" liegt nach Stahl das Wesen der organischen Bande darin, "daß Beides, sowohl das organische Band (die Gemeinschaft), als der Einzelne, berechtigt ist"[187]. Aus dieser Definition kann unter Berücksichtigung des engen Zusammenhangs mit dem "Gesammteigenthum" gefolgert werden, daß man sich nach Stahl das geteilte Eigentum als eine Form der gesamthänderischen Berechtigung vorstellen muß.

Neben diesen sehr allgemein gehaltenen Ausführungen macht Stahl jedoch keinerlei Angaben zu den konkreten Befugnissen des einzelnen Berechtigten. Dieses Verharren im Allgemeinen verwundert angesichts des Umstandes, daß Stahl selbst ausdrücklich betont, daß die Rechte der einzelnen vom jeweiligen Institut abhängig seien:

"In welcher Art aber das Recht des Ganzen und das des Einzelnen sich zueinander verhalten, das hängt eben von der besondern Natur eines jeden dieser organischen Bande ab. Es ist überall eine bestimmte individuelle Artikulation des Instituts"[188].

---

[183]Stahl, S. 290

[184]Stahl, S. 297

[185]Stahl, S. 296

[186]Stahl, S. 295

[187]Stahl, S. 295

[188]Stahl, S. 296

Ebenso offen läßt er die Frage, ob dem Begriff des geteilten Eigentums, der letztlich darauf zurückzuführen sei, daß der Ertrag des Grundeigentums sowohl auf dem Faktor Boden als auch dem Faktor Arbeit beruhe[189], für das gegenwärtige Recht noch eine praktische Bedeutung zukommt. Stahl beschränkt sich insoweit auf die wenig aufschlußreiche Feststellung, daß die Beantwortung der Frage, ob die persönlichen Bande des germanischen Rechts in der Zukunft fortbestehen sollen, nicht an diesen Ort gehöre[190].

10. Wilhelm Arnold[191]

Wilhelm Arnold, der sich selbst der historischen Rechtsschule zurechnete[192], betrachtete das Recht als eine Erscheinungsform des Volkslebens. Arnold ging es in seinem wissenschaftlichem Werk daher in erster Linie darum, das Verhältnis von Recht, Wirtschaft und Gesellschaft zu bestimmen. Seine erklärte Absicht war es, das Recht "als Glied des nationalen Lebens und im Zusammenhang mit ihm zu behandeln"[193]. Als Anhänger der historischen Schule, war für ihn das Recht eine geschichtliche Erscheinung. Er betont dabei jedoch in bewußter Abgrenzung zum romantischen Volksgeistgedanken, daß sich das Recht aus den ihm zugrunde liegenden jeweiligen Lebensverhältnissen herausbilde[194]:

"Es (das Recht) ist etwas Lebendiges, dem Wechsel und der Veränderung unterworfen, und etwas Relatives, von bestimmten Voraussetzungen und Verhältnissen Abhängiges nichts Absolutes und über all Gleiches"[195].

"Das Recht ... zunächst ein Ausdruck für bestimmte Lebensverhältnisse. Aus ihnen geht es hervor, ihnen will es dienen, um sie dann wieder zu regeln und zu beherrschen, sie bilden also überall seine notwendige Grundlage"[196].

---

[189] Stahl, S. 293

[190] Stahl, S. 297

[191] Vgl. zur Person und zum Werk: Stintzing/Landsberg, S. 760 ff.; Kroeschell, Ein vergessener Germanist, S. 253 ff.

[192] Arnold, Cultur und Rechtsleben, S. XI

[193] Arnold, Cultur und Rechtsleben, S. 11

[194] Arnold, Cultur und Rechtsleben, S. 5 und S. 197 ff.

[195] Arnold, Cultur und Rechtsleben, S. 197

[196] Arnold, Cultur und Rechtsleben, S. 199

In seinem 1861 erschienenen Werk "Zur Geschichte des Eigentums in den deutschen Städten", einer auf umfangreiches Urkundenmaterial gestützten Monographie über die Boden- und Häuserleihe-Verhältnisse in den mittelalterlichen Städten, unternimmt er in diesem Zusammenhang den Versuch, Rechtsinstitute des Mittelalters aus den gesellschaftlichen und wirtschaftlichen Verhältnissen heraus zu erklären.

Die städtische Häuserleihe rechnet er dabei ihrer Rechtsnatur nach der Erbleihe zu[197]. Die der Erbleihe unterfallenden Rechte sind nach Arnold stets aufgrund ihrer Vererblichkeit als dingliche Rechte zu qualifizieren, da sich aus der Erblichkeit die Dinglichkeit entwickele: "Erblichkeit ist die Mutter der Dinglichkeit"[198].

Bei der Erbleihe hatten nach Arnold somit sowohl der Leiheherr als auch der Beliehene eine dingliche Rechtsposition inne, was ihn dazu veranlaßt, von einem geteilten dinglichen Recht[199] zu sprechen:

"Der Sache nach, war aber wirklich eine Teilung geschehn, auf beiden Seiten wurde ein dingliches Recht an dem Object anerkannt und jedes davon in allen Beziehungen dem Grundeigentum gleich behandelt. Was wir also geteiltes Eigentum nennen, war dem deutschen Recht in der Tat eine gäng und gebe Vorstellung, wenn auch der Name dafür fehlte"[200].

Die Prägung des Begriffs "geteiltes Eigentum", den Arnold als "juristisches Kunstwort"[201] bezeichnet, sowie schließlich die Entwicklung der Lehre vom geteilten Eigentum führt er auf das Bestreben der Glossatoren zurück, die Erbleihe mit einem römischen Ausdruck zu erfassen[202].

Arnold hielt die Annahme eines zwischen Leiheherr und Beliehenen geteilten Eigentums der Sache nach für gerechtfertigt, weil sich jedes der beiden

---

[197] Arnold, S. 141

[198] Arnold, S. 145

[199] Arnold, S. 146

[200] Arnold, S. 147

[201] Arnold, S. 146

[202] Arnold, S. 147
Die Bezeichnung des Eigentums als dominium directum und die des Erbrechts als dominium utile führt Arnold hingegen auf die geistlichen Gerichte zurück, Arnold, S. 144

dinglichen Rechte, auch wenn sie sich hinsichtlich des Inhalts der verliehenen Befugnisse unterschieden, auf die Sache als Ganzes bezogen habe[203].

Maßgebend für seine Anerkennung des geteilten Eigentums war aber letztlich wohl seine Überzeugung, daß das geteilte Eigentum den tatsächlichen Lebensverhältnissen entsprochen habe:

"Wir müssen dann gestehen, daß es die vollste Bewunderung verdient, mit welcher Feinheit und Leichtigkeit das Recht den Lebensverhältnissen auf dem Fuß nachfolgte, ebenso elastisch und biegsam, ebenso bestimmt und klar, wie einst im Altertum das römische Recht. Zwar nicht durch Begriffsbestimmung, systematische Begründung, logische Concequenz und Alles, was die römische und die moderne Rechtswissenschaft auszeichnet, sondern in der naiven alten Weise, wie es der Bildungsstufe des Rechts, der Sprache und der Zeit überhaupt angemessen war: aber so einfach und natürlich, daß man glaubt, es habe nicht anders sein können..."[204].

Von diesem historisch-empirischen Standpunkt aus erhebt Arnold gegen die Gegner des geteilten Eigentums den Vorwurf, diese würden total verkennen, daß der Eigentumsbegriff stets von den jeweiligen Lebensverhältnissen abhänge,[205] und statt dessen den römischen Eigentumsbegriff, mit dem eine Teilung des Eigentums unvereinbar ist, verabsolutieren[206].

Arnold zieht mit seiner Kritik also die von der herrschenden Meinung seiner Zeit vorausgesetzte Selbstverständlichkeit des römischen Eigentumsbegriffs, und damit die Grundlage von deren Lehre selbst, prinzipiell in Zweifel. Vor seine Ausführungen zum geteilten Eigentum stellt Arnold dann auch nicht ohne Spott über ihre ignorante Haltung den an die Adresse der Gegner des geteilten Eigentums gerichteten Ratschlag:

"Wer nicht damit einverstanden ist, tut wol, das Folgende zu überschlagen, wenn er sich nicht Verdrießlichkeiten aussetzen will"[207].

Die einzelnen Befugnisse waren nach Arnold beim geteilten Eigentum dergestalt verteilt, daß dem Leiheherr kraft seines Obereigentums bzw. seiner Gewere an der Sache das Zinsrecht, das Aufsichtsrecht sowie das Recht des Konsenses bei einer

---

[203]Arnold, S. 149

[204]Arnold, S. 148

[205]Arnold, Recht und Wirtschaft, S. 29

[206]Arnold, S. 146 f.

[207]Arnold, S. 149

Veräußerung durch den Beliehenen zustanden[208], während jener den Besitz und den Genuß an der geliehenen Sache sowie eine Gewere am Boden inne hatte[209].

Diese geliehene Gewere begründet für Arnold das dingliche Recht des Beliehenen, das er als Eigentum bzw. dominium utile anerkennt[210]. Neben diesem dominium utile am Boden stand dem Beliehenen gemäß Arnold auch noch das vererbliche und veräußerliche Recht an der Besserung (z.B. das auf dem Grundstück errichtete Gebäude) zu, das ein "wirkliches" Eigentumsrecht sei[211]. Die Grundlage für dieses Eigentum an der Besserung sieht Arnold in dem Gedanken des "Capitaleigentums": "Was Jemand durch seine Arbeit oder Capitalverwendung neu hervorbringt, darauf hat kein Anderer Ansprüche, es gehört, soweit nicht fremde Rechte verletzt werden, ihm"[212].

Soweit die Besserung für den an den Leiheherrn zu zahlenden Zins haftete, schreibt Arnold aber auch dem Leiheherrn Eigentum an der Besserung zu[213].

Das Verhältnis zwischen Leiheherr und Beliehenem charakterisiert er hiernach wie folgt: "Man könnte sagen, daß der Leiheherr zunächst das Eigentum an dem Boden und dadurch mittelbar das an der Besserung, der Beliehene umgekehrt zunächst das der Besserung und dann durch dieses das am Boden habe: jener war in der Verfügung über die Sache durch das Erbrecht des letztern, dieser durch das Grundeigentum des erstern beschränkt, beide hatten in der Ausübung ihrer Herrschaft je das nähere Recht des Andern an seinem Teil zu berücksichtigen"[214].

Arnold betrachtet, vergleichbar mit Bluntschli, das Institut des geteilten Eigentums als eine Art Übergangszustand in dem Entwicklungsprozeß der Eigentumsordnung[215].

Er unterscheidet dabei drei Entwicklungsphasen, die durch eine zunehmende Stärkung der Rechtsposition des Beliehenen gekennzeichnet sind und letztlich zu einer vollständigen Umwälzung der Eigentumsverhältnisse geführt haben: Auf der ersten

---

[208] Arnold, S. 151

[209] Arnold, S. 164

[210] Arnold, S. 164

[211] Arnold, S. 172 f. und S. 175

[212] Arnold, S. 172

[213] Arnold, S. 150

[214] Arnold, S. 150

[215] Arnold, S. 150 f. und S. 258

Stufe war lediglich der Leiheherr Eigentümer, während der Beliehene ausschließlich Besitzer war. Auf der zweiten Stufe haben dann beide gleichberechtigte Rechtspositionen und auf der dritten Stufe schließlich ist der Beliehene alleiniger Eigentümer, während dem Herrn nur noch ein Zinsrecht zusteht[216]. Die zweite Stufe setzt Arnold mit dem geteilten Eigentum gleich[217].
Arnold sieht diese Entwicklung sowohl bei den städtischen Hausleihen als auch bei den bäuerlichen Leihen als abgeschlossen an, nachdem das geteilte Eigentum zum vollen Eigentum des Beliehenen erstarkt sei und das Obereigentum abgelöst habe. Das geteilte Eigentum spielt für Arnold folglich in der Gegenwart keine Rolle mehr, sondern es hat nur noch rechtshistorische Bedeutung:
"überall ist das nutzbare Eigentum in freies verwandelt, das Obereigentum abgelöst worden, und wenn sich ausnamsweise geteilte Eigentumsrechte noch erhalten haben, ist wenigstens ihre Bedeutung lange erloschen"[218].

11. Otto Stobbe

Otto Stobbe maß dem Theorienstreit über das geteilte Eigentum für das geltende Recht nur noch eine untergeordnete Bedeutung zu, da durch die neuere Gesetzgebung die überwiegende Mehrzahl der Lehen sowie der Bauerngüter, die Hauptanwendungsfälle des geteilten Eigentums, zu freiem Eigentum des Vasallen bzw. Bauern erklärt worden waren[219].
Soweit die Obereigentumsverhältnisse aber auch im geltenden Recht noch vorhanden waren, beschäftigte sich Stobbe mit der Frage "Liegt ein Bedürfnis vor, dem römischen Recht entgegen ein getheiltes Eigenthum anzuerkennen?"[220].
Bereits diese Formulierung der Fragestellung läßt die kritische Haltung Stobbes gegenüber der Lehre vom geteilten Eigentum vermuten, ebenso wie die Überschrift zu § 96 seines "Handbuchs des Deutschen Privatrechts": "Das sogenannte getheilte Eigenthum"[221].

---

[216]Arnold, S. 258

[217]Arnold, S. 258

[218]Arnold, S. 258

[219]Stobbe, S. 291

[220]Stobbe, S. 294

[221]Stobbe, S. 290

Diese skeptische Einstellung gegenüber dem deutschrechtlichen Institut des geteilten Eigentums ist zurückzuführen auf die Grundhaltung von Stobbe, nur dann vom römischen Recht abzugehen, wenn dies wegen der Eigenheit eines dem römischen Recht unbekannten Rechtsverhältnisses unerläßlich ist[222].

Stobbe ist der Auffassung, daß die dem geteilten Eigentum zugerechneten Lehens- und Bauerngüter in ihrem Wesen so unterschiedlich sind, daß es bedenklich und überflüssig sei, für sie gemeinsame Rechtsgrundsätze in der Form der Lehre vom geteilten Eigentum aufzustellen[223].

Die von den Autoren, welche am geteilten Eigentum festhielten, formulierten Rechtssätze wären folglich notgedrungenermaßen so unbestimmt und allgemein gehalten, daß ihnen keinerlei Aussagekraft zukäme[224]. Exemplarisch führt er hierzu den Satz von Bluntschli "Der Obereigenthümer kann verlangen, daß der Nutzeigenthümer ihn als den höheren Eigenthümer ehre" an[225].

Auch die Differenzen zwischen den Anhängern des geteilten Eigentums bei der Ableitung konkreter Rechtsfolgen aus dem Begriff des Nutzeigentums, etwa bei den Eigentumsverhältnissen beim Schatzfund[226], unterstreichen nach Stobbe die Unzulänglichkeit der Theorie vom geteilten Eigentum[227]. Auch der Umstand, daß sich die Lehens- und Bauerngüter weitgehend in volles Eigentum umgewandelt haben, lasse sich, entgegen der Ansicht von Bluntschli, nicht als Indiz dafür werten, daß sie als Eigentum zu behandeln seien[228]. Ungeachtet ihrer umfangreichen Nutzungsrechte, die auch bei Stobbe fast alle Eigentümerbefugnisse umfassen, zählt er die Rechte des Vasallen und Bauern folglich zu den Rechten an einer fremden Sache[229]. Aufgrund dieser Einordnung besteht für Stobbe kein Bedürfnis vom römischen

---

[222]Wagner, S. 82

[223]Stobbe, S. 295

[224]Stobbe, S. 295

[225]Stobbe, S. 295 Fn. 16

[226]Beseler zählt den Schatz zu den außerordentlichen Erträgnissen des Grundstücks, so daß der Nutzeigentümer Eigentümer des Schatzes werde, während Maurenbrecher und Bluntschli den Obereigentümer als Eigentümer ansehen, da der Schatz der Substanz des Grundstücks zuzurechnen sei.

[227]Stobbe, S. 295

[228]Stobbe, S. 294 Fn. 14

[229]Stobbe, S. 294

Recht abzuweichen, so daß für ihn "das Nutzeigenthum ein für das moderne System unbrauchbarer Begriff ist"[230].

Obwohl Stobbe also inhaltlich die Lehre vom geteilten Eigentum ablehnt, möchte er jedoch zur Bezeichnung der Rechte an Bauern- und Lehensgüter an den in Literatur und Praxis fest eingebürgerten Begriffen "Obereigentum (dominium directum)" und "Nutzeigentum (dominium utile)" festhalten. Er betont dabei aber, daß aus dieser Bezeichnung als Eigentum keinerlei inhaltlichen Schlußfolgerungen gezogen werden dürften[231].

Während Otto Stobbe also die überkommene Lehre vom geteilten Eigentum inhaltlich ablehnt, nimmt er in einem anderen Rechtsbereich ein geteiltes Eigentum an[232]. Er hat hierbei Rechtsgeschäfte im Auge, bei denen ein Hintermann, der das beabsichtigte Rechtsgeschäft im eigenen Namen nicht vornehmen kann, eine andere Person vorschiebt. In der heutigen Terminologie würde man diese Rechtsverhältnisse als Strohmanngeschäfte bezeichnen, und zwar in der Ausgestaltung als fremdnützige Verwaltungstreuhand.

Manchen Personenkreisen, z.B. Geistlichen, Fremden und Juden, war es aufgrund ihrer Rechtsstellung nicht möglich, Grundstücke zu erwerben. Wollten diese Personen ein Grundstück kaufen, so ließen sie sich das Grundstück von einem Dritten erwerben, dessen Rechtsstellung nicht eingeschränkt war. Während der Dritte nach außen als Eigentümer auftrat, stand im Innenverhältnis das Grundstück ausschließlich dem Hintermann zu. In Bezug auf diese Fallgestaltung geht Stobbe von einer Aufspaltung des Eigentums aus, denn "erst in beiden Personen zusammen kommt das Eigenthum nach all seinen Richtungen hin zur Erscheinung"[233].

Im Gegensatz zum Begriff des geteilten Eigentums der herkömmlichen Lehre sieht Stobbe in dieser Erscheinungsform des geteilten Eigentums keinen Widerspruch zum römischen Recht, da er darin eine gewisse Ähnlichkeit mit dem quiritarischen und bonitarischen Eigentum erblickt[234].

---

[230] Stobbe, S. 295

[231] Stobbe, S. 296

[232] Stobbe, S. 296

[233] Stobbe, S. 297

[234] Stobbe, S. 297

12. Otto von Gierke

Otto von Gierke, der sich selbst zu den Vertretern der historischen Rechtsschule zählt, wird in der rechtsgeschichtlichen Literatur als der herausragendste Repräsentant der germanistischen Rechtswissenschaft am Übergang des 19.ins 20. Jahrhundert angesehen[235].

Gierke maß, in Anlehnung an Beseler, bei der Entstehung des Rechts dem nationalen und volksmäßigen Element eine bedeutende Rolle zu[236]. Diese Entstehung des Rechts aus dem Volksgeist sah er durch die wachsenden Einflüsse des Pandektenrechts gefährdet, so daß er als Gegenbewegung eine verstärkte Erforschung des deutschen Rechts forderte. In der Beschäftigung mit dem deutschen Recht sah Gierke folglich eine der wichtigsten Aufgaben der Rechtswissenschaft. Seine umfassenden Werke befassen sich daher auch ganz überwiegend mit dem germanischen Recht. Neben seiner wissenschaftlichen Tätigkeit war Gierke Mitglied im Verein für Socialpolitik und Mitbegründer des evangelisch-sozialen Kongresses. Nicht zuletzt auf seine engagierte Tätigkeit in diesen Einrichtungen ist es zurückzuführen, daß Gierke die sozialen Probleme seiner Zeit erkannte und hieraus Anforderungen an das Recht ableitete. Im Gegensatz zu der vorherrschenden Rechtswissenschaft seiner Zeit blieb Gierke nicht bei der Forderung nach der historischen Erforschung des Rechts stehen, sondern verband sie mit materiellen Maßstäben[237] und rechtsethischen Forderungen. Im Vordergrund stand für Gierke dabei die aus dem älteren deutschen Recht abgeleitete Vorstellung von einem sozialen Privatrecht. In seinem am 5. April 1889 vor der juristischen Gesellschaft zu Wien gehaltenen Vortrag "Die soziale Aufgabe des Privatrechts" forderte Gierke dann auch, "in unserem öffentlichen Recht muß ein Hauch des natürlichen Freiheitsraumes wehen und unser Privatrecht muß ein Tropfen sozialistischen Öles durchsickern"[238]. Diese Verbindung deutschrechtlichen Gedankenguts mit rechtsethischen Postulaten führte dazu, daß Gierke es als sein Ziel sah, "ein volkstümliches, ein deutsches, ein soziales gemeinsames Privatrecht im deutschen Reich entstehen" zu lassen[239].

---

[235]Isele, Art. Gierke, HRG I, Sp. 1684; Wagner, S. 83

[236]Schröder in Kleinheyer/Schröder, S. 147

[237]Schröder in Kleinheyer/Schröder, S. 148

[238]Gierke, Die soziale Aufgabe des Privatrechts, S. 13

[239]Gierke, Die soziale Aufgabe des Privatrechts, S. 46

Gierkes entschiedene Forderung nach einem an deutschrechtlichen Vorstellungen ausgerichtetem Recht findet sich auch in seinem drei Bände umfassenden "Deutschen Privatrecht" (1895-1917) wieder, in dem er sich bemüht, in der kritischen Auseinandersetzung mit dem im Bürgerlichen Gesetzbuch kodifizierten Privatrecht die fortdauernde Bedeutung deutschrechtlicher Vorstellungen nachzuweisen.
Im dritten Kapitel des 1905 erschienen zweiten Bandes beschäftigt sich Gierke mit dem Eigentum. An den Beginn seiner umfangreichen Ausführungen zum Eigentum stellt Gierke einen geschichtlichen Abriß über die deutsche Eigentumsordnung.
Das ursprüngliche deutsche Eigentum ist nach Gierke insbesondere dadurch gekennzeichnet, daß das Herrschaftsrecht an einer Sache dieser nicht als verselbständigt gegenübergestellt wird, sondern vielmehr mit all seinen Befugnissen mit der beherrschten Sache zusammen gedacht wird[240]. Dementsprechend gebe es auch keine Differenzierung nach Eigentum und begrenzt dinglichen Rechten, sondern lediglich stärkere und schwächere Formen ein und desselben Herrschaftsrechts. Es sei daher möglich gewesen, daß an derselben Sache mehrfache Herrschaftsrechte bestanden hätten, die alle als Form des Eigentums erschienen seien[241].
Dieses als Selbstverständlichkeit angesehene einheitliche Wesen sämtlicher Herrschaftsrechte an einer Sache sei auch erhalten geblieben, als im Laufe der Zeit zwischen dem Gegenstand als solchem und dem Recht an der Sache differenziert worden sei[242]. Das deutsche Eigentum habe deshalb seinen Charakter als eines der Abstufung fähigen Herrschaftsrechts, das mehrere sich gegenseitig begrenzende und ergänzende Rechte an einer Sache kenne, bewahrt[243]:
"Das deutsche Eigentum ist der Abstufung fähig. Es besitzt nicht die Elastizität eines abstrakten Begriffs, der sich selbstgleich bleibt, wenn auch sein Wirklichkeitsgehalt zum Schatten verflüchtigt ist. Vielmehr ist es als Inbegriff der an der Sache möglichen Herrschaftrechte nur dann vollständig, wenn ihm kein wesentlicher Bestandteil fehlt. Andernfalls ist es unvollständig. Es bleibt Eigentum, allein es ist Mindereigentum".

---

[240]Gierke, S. 350

[241]Gierke, S. 353

[242]Gierke, S. 355

[243]Gierke, S. 358 f.

Aus dieser Fähigkeit zur Abstufung leitet Gierke für das deutsche Eigentum ferner ab, daß dieses kein ausschließliches Herrschaftsrecht sei, sondern daß neben ihm andere gleich unmittelbare Rechte an einer Sache bestehen können[244].
Im Anschluß an die Darstellung des deutschrechtlichen Eigentumsbegriffs beschreibt Gierke den römischen Eigentumsbegriff[245], der seit der Rezeption eine zunehmende Bedeutung sowohl in der Theorie als auch in der Gesetzgebung erfahren habe.
Er betont aber, daß sich der römische Eigentumsbegriff trotzdem zu keinem Zeitpunkt gegenüber dem deutschen Eigentum habe vollständig durchsetzen können, sondern sich "eine vielseitige deutschrechtliche Brechung gefallen lassen müsse"[246].
Auch in der Eigentumsordnung des Bürgerlichen Gesetzbuches seien trotz der überaus engen Anlehnung des ersten Entwurfs an den römischrechtlichen Eigentumsbegriff durchaus noch starke deutschrechtliche Gedanken enthalten[247].
Das Eigentum der deutschen Rechtsordnung unter der Geltung des Bürgerlichen Gesetzbuches beschreibt Gierke als ein grundsätzlich abstraktes[248], unbeschränktes[249], elastisches[250] und ausschließliches[251] Sachenrecht. Gierke legt dem Eigentum des Bürgerlichen Gesetzbuches somit sämtliche Charakteristika des klassischen römischen Eigentums bei. Wenn er in seinen Ausführungen zu der heutigen deutschen Eigentumsordnung trotzdem davon ausgeht, daß der moderne Eigentumsbegriff auf "dem Zusammenstoße germanischer und römischer Gedanken"[252] beruht, also sowohl römischrechtliche als auch umfangreiche deutschrechtliche Elemente

---

[244]Gierke, S. 359

[245]Gierke kennzeichnet das römische Eigentum wie folgt:
"Seinem Begriff nach gewährt es unumschränkte Macht. Durch konkrete Einschränkungen erleidet es keine Einbuße und bleibt auch im Falle zeitweiliger inhaltlicher Entleerung (als nuda proprietas) sich selbst gleich. Es ist ein ausschließliches Herrschaftsrecht, das den Sachkörper ganz in sich aufnimmt und neben sich gleichrangige Herrschaftsrechte nicht duldet." S. 360 f.

[246]Gierke, S. 361

[247]Gierke, S. 361

[248]Gierke, S. 361

[249]Gierke, S. 364

[250]Gierke, S. 365

[251]Gierke, S. 365

[252]Gierke, S. 361

enthalte, so ist dies nur deshalb möglich, weil er das Eigentum als eine historische und nicht als eine logische Kategorie betrachtet[253].
Eine der bedeutendsten Durchbrechungen der römischen Gedanken sieht Gierke in dem Institut des geteilten Eigentums. Trotz der grundsätzlichen Elastizität des Eigentums ist nach der Auffassung Gierkes für die Dauer der Belastung des Eigentums mit dem Recht eines Dritten "die Vorstellung, daß inzwischen das Eigentum nicht nur tatsächlich, sondern auch rechtlich unvollständig sei, nicht völlig verschwunden und hat sich namentlich im Begriff des geteilten Eigentums Geltung verschafft"[254]. Auch das Merkmal der Ausschließlichkeit des Eigentums erfährt nach Gierke durch die Figur des geteilten Eigentums Einschränkungen. Er geht zwar im Ansatz davon aus, daß neben dem Eigentum grundsätzlich kein anderes, die Sache als Ganzes ergreifendes Recht möglich sei, läßt es jedoch zu, daß mehreren Personen gleichzeitig ein solches auf das Sachganze bezogene Recht an einer Sache zusteht. Nach Gierke kommt bei dieser Konstellation dann jedem Berechtigten ein unvollständiges Eigentum zu, was zu einer Teilung des Eigentums führe[255].
Die vorstehenden Ausführungen zeigen, daß Gierke eine Teilung des Eigentums sowohl in zeitlicher als auch in inhaltlicher Hinsicht anerkennt.
Bereits die allgemeinen Ausführungen Gierkes zur Eigentumsordnung lassen folglich erkennen, daß er dem Institut des geteilten Eigentums einen hohen Stellenwert beimißt. Dem entspricht es, daß er in seinem "Deutschen Privatrecht" im unmittelbaren Anschluß an die allgemeine Darstellungen des Eigentums sich in einem eigenen Paragraphen[256] ausführlich mit der Rechtsfigur des geteilten Eigentums befaßt.
Gierke stellt an den Beginn seiner Darstellung des geteilten Eigentums die in seinen allgemeinen Erörterungen zum Eigentum gewonnene Erkenntnis, daß das deutsche Eigentum einer Abstufung und Minderung fähig und damit zugleich teilbar gewesen ist. Diese Teilbarkeit bildete die rechtliche Grundlage für die Ausgestaltung der Grundbesitzordnung in Deutschland, wobei nach Gierke der Unterscheidung verschiedener Rechtskreise eine besondere Bedeutung zukam. Ein Grundstück konnte beispielsweise nach Landrecht allein dem Herren zustehen, während es im Lehn-

[253]Gierke, S. 348 Fn. 2

[254]Gierke, S. 365

[255]Gierke, S. 366

[256]Gierke, § 121

recht dem Bauern zugeschrieben wurde[257]. Als diese Rechtskreise im Laufe der Zeit zu einer einheitlichen Rechtsordnung verschmolzen seien, habe sich die Vorstellung herausgebildet, daß das Eigentum an einer Sache gleichzeitig mehreren Personen zustehe. Der einzelne habe dabei ein unvollständiges Eigentum, während das vollständige Eigentum allen Berechtigten in ihrer Gesamtheit zukomme. Gierke entnimmt dieser historischen Entwicklung, daß "der Gedanke des geteilten Eigentums dem deutschen Mittelalter durchaus geläufig war"[258].

Im Zuge der Rezeption des römischen Rechts sei dann die aus dem quellenmäßigen Gegensatz von actio directa und actio utilis von den Glossatoren entwickelte Lehre vom dominium directum und dominium utile auf die deutschen Verhältnisse übernommen und zu der allgemeinen Lehre vom geteilten Eigentum ausgebaut worden[259]. Für das dominium directum habe sich der Begriff des Obereigentums und für das dominium utile der des Nutzeigentums eingebürgert[260]. Diese Lehre vom Ober- und Nutzeigentum habe sowohl in der Theorie, als auch in der Praxis einen festen Platz erhalten und sei auch keinesfalls durch die Angriffe der Romanisten unter der Führung Thibauts gegenstandslos geworden.

Ausgehend von seinem historischen Eigentumsverständnis bezeichnet Gierke den Versuch der Romanisten, dem geteilten Eigentum allein wegen dessen logischer Unvereinbarkeit mit dem abstrakten Eigentumsbegriff des römischen Rechts die Daseinsberechtigung abzusprechen, für "sinnlos"[261].

Die Entschiedenheit, mit der sich Gierke gegen die Verbannung des geteilten Eigentums aus der Rechtsordnung und der Rechtsgeschichte wendet, zeigt sich bereits daran, daß er diejenigen Autoren, die dem geteilten Eigentum eine Absage erteilen, als "Leugner" des geteilten Eigentums betitelt[262].

Gierke vertritt seinerseits unter Berufung auf die Jahrhunderte alte Verankerung im europäischen Rechtsbewußtsein, die gesetzlichen Regelungen in den Partikularrechten sowie die gewohnheitsrechtliche Anerkennung im gemeinen Recht die Auffassung, daß sowohl in der Rechtsgeschichte, als auch im geltenden Recht an dem

---

[257]Gierke, S. 368

[258]Gierke, S. 369

[259]Gierke, S. 370 f.

[260]Gierke, S. 371

[261]Gierke, S. 372

[262]Gierke, S. 374 Fn. 29 und 31

Rechtsinstitut des geteilten Eigentums unbedingt festzuhalten sei[263]. Er weist in diesem Zusammenhang darauf hin, daß auch das Bürgerliche Gesetzbuch in den Artikeln 59, 63 und 184 EGBGB bereits bestehendes geteiltes Eigentum unberührt läßt und dem Landesrecht die Anerkennung des geteilten Eigentums offen läßt[264]. Trotz seines entschiedenen Festhaltens an der Lehre von geteilten Eigentum verkennt Gierke allerdings nicht, daß ihre aktuelle Bedeutung in der Rechtswirklichkeit lediglich noch gering ist:

"Das geteilte Eigentum ist jedoch tatsächlich bis auf Trümmerstücke verschwunden. Es hat seine große geschichtliche Aufgabe, das in wenigen Händen zusammengeschlossene echte Eigentum an Grund und Boden wiederum aufzuteilen und allmählich in freies und volles Eigentum weiter Volkskreise überzuleiten im wesentlichen erfüllt"[265].

Das vorstehende Zitat belegt, daß Gierke, ähnlich wie Blunschli, das geteilte Eigentum letztlich als einen Übergangszustand ansieht, der mit der Änderung der Eigentumsverhältnisse seine Beendigung findet.

Im Gegensatz zu der eher skeptischen Haltung Blunschlis bewertet Gierke das geteilte Eigentum jedoch uneingeschränkt positiv. Gierke betont, wie gezeigt, die geschichtliche Aufgabe des geteilten Eigentums, das Grundstückseigentum an eine breite Bevölkerungsschicht zu überführen. Das geteilte Eigentum ist für ihn somit gerade eine jener Rechtsfiguren aus dem älteren deutschen Recht, aus denen er seine Forderung nach einem sozialen Privatrecht ableitet. Gierkes Beharren auf dem Institut des geteilten Eigentums ist somit nicht nur in seinem historischen Eigentumsverständnis, sondern zusätzlich auch in der wichtigen sozialen Funktion, die er diesem beimißt, begründet.

Obgleich Gierke, wie bereits ausgeführt, erkannt hat, daß das geteilte Eigentum in seiner konkreten historisch überkommenen Form nahezu keine praktische Relevanz mehr hat, hält er es für durchaus denkbar, daß die in dem Teilungsgedanken liegende Funktion auch in Zukunft noch bei der Lösung gesellschaftlicher Probleme von Bedeutung sein könnte:

---

[263] Gierke, S. 372

[264] Gierke, S. 373

[265] Gierke, S. 372

"Ob in Zukunft das geteilte Eigentum noch einmal berufen sein wird, bei der Aufteilung des Bodens eine Rolle zu spielen, ist ein offene Frage"[266].
Ansatzpunkte hierzu sieht er in der Gesetzgebung über die Ansiedlungs- und Rentengüter verwirklicht[267].
Gierkes entschiedenes Eintreten für das von ihm als sozialpolitisch wichtig erkannte geteilte Eigentum kommt auch in seiner Gegenschrift zum ersten Entwurf eines Bürgerlichen Gesetzbuchs "Der Entwurf eines bürgerlichen Gesetzbuch und das deutsche Recht"[268] zum Ausdruck, in der er vor allem beanstandet, daß sich der Entwurf viel zu wenig am Deutschen Privatrecht und der sozialen Aufgabe des Privatrechts orientiere[269].
Die erste Komission hatte dem geteilten Eigentum eine Absage erteilt. Anknüpfend an den von ihr zugrundegelegten romanistischen Eigentumsbegriff hielt sie eine Aufteilung der Eigentumsbefugnisse auf mehrere Eigentümer für logisch ausgeschlossen[270].
Diese Haltung des ersten Entwurfs stand in krassem Gegensatz zu Gierkes historischem Eigentumsverständnis sowie der von ihm dem geteilten Eigentum zugemessenen Bedeutung. Dementsprechend hart fällt dann auch sein Urteil über den Entwurf in diesem Punkt aus:
"Der Entwurf weiß nicht von einem getheilten Eigentum, einer erblichen Landleihe oder irgend einer gebundenen Besitzform, enthält aber ebensowenig ein Verbot solcher Bildungen... . Er hält sich also auch hier in einer wichtigen legislativen Frage, bei deren Lösung es sich um große sozialpolitische Gesichtspunkte von allgemeiner Tragweite handelt, vollkommen neutral"[271].
Dieses Zitat verdeutlicht noch einmal in aller Schärfe, welch große soziale Bedeutung Gierke dem geteilten Eigentum zukommen läßt. Von der unüberbrückbaren Unvereinbarkeit zwischen dem Eigentumsbegriff des ersten Entwurfs einerseits und Gierkes historischem Eigentumsverständnis andererseits zeugt folgende Textstelle, in der Gierke spottet:

---

[266]Gierke, S. 373

[267]Gierke, S. 373

[268]1888 in Schmollers Jahrbuch XII und XIII, 1889 als Buch erschienen

[269]Schröder in Kleinheyer/Schröder, S. 149

[270]Motive III, S. 262

[271]Gierke, Entwurf, S. 97

"Wissenschaftlich unmöglich ist das 'getheilte Eigenthum', dessen Verwirklichung durch die deutsche Rechtsgeschichte und die Gesetzbücher nur ein ungeheuerlicher logischer Schnitzer war. Der römische Eigenthumsbegriff ist nicht etwa bloß als ein auch für uns geeignetes geschichtliches Gebilde, sondern als ein unentrinnbares Gebot der Rechtslogik aufgenommen"[272].

Gierke nennt als gemeinrechtliche Anwendungsfälle des geteilten Eigentums das Lehen und bestimmte Arten der Bauergüter[273]. Zu den Erscheinungsformen des geteilten Eigentums in den Partikularrechten zählt er die Familienfideikommisse, das Bergrecht, den Erbpfandbesitz, das Erbbaurecht, das Erbpachtrecht, Meyergüter und Erbzinsgüter[274].

Daneben scheint Gierke auch das Anwartschaftsrecht dem geteilten Eigentum zuzurechnen, wenn er schreibt:

"Daß Mehreren gleichzeitig Eigentum an der Sache zustehe, einem Jeden für sich unvollständiges und nur ihnen zusammen vollständiges Eigentum, war mit dem deutschen Eigentumsbegriff so gut vereinbar, wie das nicht minder häufige Zusammenbestehen von gegenwärtigem und anwartschaftlichen Eigentum. So ist denn in der Tat der Gedanke des geteilten Eigentums dem deutschen Mittelalter durchaus geläufig"[275].

Gierke begnügt sich jedoch mit dieser kurzen Feststellung, ohne auf den Teilungsgedanken beim Anwartschaftrecht näher einzugehen. Auch bei seinen Ausführungen zu der Figur des Anwartschaftsrechts nimmt er den Gedanken nicht wieder auf.

Die Befugnisse an der Sache sind nach Gierke zwischen Ober- und Untereigentümer dergestalt verteilt, daß ersterem das Recht an der Sache (Proprietätsrecht) zukommt, während letzterem neben einem Anteil an der Proprietät das umfassende Gebrauchs- und Nutzungsrecht zusteht. Gemäß dieser Verteilung der Befugnisse gebühren laut Gierke dem Untereigentümer die Erträge der Sache, einschließlich des gefundenen Schatzes. Andererseits trage er aber auch alle auf der Sache liegenden Lasten. Beiden Rechten gemeinsam sei, daß sie vererblich und veräußerlich sowie durch die Eigentumsklage geschützt seien[276].

---

[272]Gierke, Entwurf, S. 324

[273]Gierke, S. 373

[274]Gierke, S. 373 Fn. 25

[275]Gierke, S. 369

[276]Gierke, S. 374 f.

Für die jeweilige Charakterisierung als Eigentum hält es Gierke für wesentlich, daß beim Wegfall des Untereigentums das Obereigentum zum Volleigentum wird (Konsolidation) und im umgekehrten Fall das Untereigentum ebenfalls zum Vollrecht erstarkt (Appropriation). In dieser Fähigkeit zur Anwachsung liegt nach Gierke die Eigenschaft der jeweiligen Eigentumsrechte als eines die Sache im Ganzen ergreifenden Rechts, die es letztlich rechtfertige, beide Positionen als Eigentum zu begreifen[277].

II. Zusammenfassung

Die überwiegende Mehrzahl der germanistischen Autoren hielt also trotz der gegen das geteilte Eigentum gerichteten Abhandlung "Über dominium directum und utile" von Thibaut und den in deren Gefolge zunehmenden Angriffen gegen die Lehre vom geteilten Eigentum an dieser für das deutsche Recht fest. Die Germanisten gingen allerdings ebenfalls davon aus, daß die Aufspaltung des Eigentumsrechts in ein dominium directum und ein dominium utile dem klassischen römischen Recht fremd war. Dies stellte für die eigenständige Beurteilung des geteilten Eigentums durch die Germanistik jedoch kein Hindernis dar, da sich vor allem unter dem Einfluß Eichhorns die Erkenntnis durchgesetzt hatte, daß die Frage nach der Daseinsberechtigung und Bedeutung des geteilten Eigentums als einem selbständigen deutschen Rechtsinstitut unabhängig von der Herleitbarkeit der Begriffe dominium directum und dominium utile aus den römisch-rechtlichen Quellen zu beantworten ist.
Größere Schwierigkeiten bei der Behandlung der Lehre vom geteilten Eigentum bereitete hingegen der Umstand, daß ein großer Teil der germanistischen Autoren (u.a. Maurenbrecher, Walter, Phillips, Bluntschli und Beseler) ihrer Eigentumslehre den von der Pandektistik vertretenen römisch-rechtlichen Eigentumsbegriff zugrundelegte. Das Eigentum wurde als die grundsätzlich unbeschränkte und ausschließliche Herrschaft über eine Sache verstanden. Mit der Akzeptanz dieses abstrakten und totalen Eigentumsbegriffs als geltendem Recht war die Annahme eines zwischen mehreren Berechtigten aufgeteilten Eigentums aber nahezu unvereinbar. Die dogmatische Einordnung des Instituts des geteilten Eigentums in das System der dinglichen Rechte bereitete den Vertretern des germanistischen Zweigs der historischen Rechtsschule folglich erhebliche Probleme. Die in dieser Hinsicht

---

[277] Gierke, S. 374 f.

herrschende Unsicherheit zeigt sich etwa bei Walter, der eine Festlegung vermied und die dogmatische Einordnung einfach offen ließ. Eichhorn trägt bei der Behandlung des geteilten Eigentums dem von ihm anerkannten unbeschränkten Eigentumsbegriff dadurch Rechnung, daß er das geteilte Eigentum trotz Festhaltens an der Begrifflichkeit in der Sache als ein dem deutschen Recht eigenes dingliches Recht sui generis behandelt. Andere Autoren wie Beseler und Stahl versuchten die Spannung zwischen dem totalen Eigentumsbegriff und dem Teilungsgedanken durch die Betonung einigender personaler Bindungen zu lösen, und Maurenbrecher griff auf die Konstruktion eines relativen Eigentums zurück. Die Mehrzahl der Autoren betrachtete das geteilte Eigentum jedoch ungeachtet der aufgezeigten Widersprüche als eine echte Erscheinungsform des Eigentums. Bluntschli, Phillips und Mittermaier beispielsweise unterstellten das geteilte Eigentum eindeutig den Grundsätzen über das Eigentum.

In Argumentationsnot brachte die Anerkennung des römisch-rechtlichen Eigentumsbegriffs die Verfechter des geteilten Eigentums auch bei der Rechtfertigung des geteilten Eigentums. Manche Autoren, darunter Walter, gingen dem Problem aus dem Weg, indem sie sich weitgehend auf das Aufzeigen der historischen Entwicklung beschränkten und sich zur Rechtfertigung der Lehre vom geteilten Eigentum schlicht auf deren Anerkennung durch eine langjährige Praxis und die Kodifikationen des späten Naturrechts beriefen. Mittermaier etwa spricht in diesem Zusammenhang von einer "entschiedenen Praxis"und einem "entschiedenen Gerichtsgebrauch".

Diese zum Teil schwache Begründung der Lehre vom geteilten Eigentum, zu der sich die Erkenntnis gesellte, daß die überkommenen Institute des geteilten Eigentums durch die Ablösungsgesetzgebung weitgehend ihre praktische Bedeutung eingebüßt hatten, dürfte wohl der Hauptgrund dafür gewesen sein, daß sich die Lehre vom geteilten Eigentum nicht stärker gegen die Angriffe der Romanistik behaupten konnte.

Eine neue Qualität erreichte die Argumentation der Anhänger des geteilten Eigentums erst, als Arnold und dann vor allem Gierke die von den meisten zeitgenössischen Juristen als selbstverständlich hingenommene Allgemeingültigkeit des römisch-rechtlichen Eigentumsbegriffs in Frage stellten und diesem einen eigenständigen deutschrechtlichen Eigentumsbegriff entgegensetzten, der eine Zuordnung gleichwertiger Befugnisse an einer Sache an mehrere Berechtigte zuläßt. Für Arnold

und Gierke war es demzufolge eine Selbstverständlichkeit, daß das geteilte Eigentum eine echte Form des Eigentums ist.
Trotz all dieser Differenzierungen und Schattierungen bei den jeweiligen Darstellungen zum geteilten Eigentum lassen sich gewisse materielle Kriterien feststellen, die sämtliche Autoren übereinstimmend als essentielle Voraussetzungen eines zwischen mehreren Berechtigten geteilten Eigentums betrachten.
Erste und gleichzeitig grundlegende Bedingung ist die funktionelle Aufteilung der im Eigentum enthaltenen Sachnutzungsbefugnis und Sachverfügungsbefugnis auf zwei Personen. Nutzungsrecht und Verfügungsrecht müssen sich selbständig gegenüber treten. Der Umfang der abgesonderten Befugnisse muß dabei so weitreichend sein, daß dem Nutzungsberechtigten der Besitz und die ausschließliche Nutzung der Sache zustehen, einschließlich der Befugnis, über das Nutzungsrecht verfügen zu können. Als unschädlich wird es dabei angesehen, wenn der Nutzungsberechtigte bei der Verfügung an die Zustimmung des Sacheigentümers gebunden bleibt. Weitere Prämisse für die Anerkennung eines Nutzeigentums ist, daß das Nutzungsrecht eine solche Verfestigung erfahren hat, daß es nicht mehr von der Willkür des Sacheigentümers abhängt, insbesondere, daß es von diesem nicht frei gekündigt werden kann. Beseler etwa spricht in diesem Zusammenhang davon, daß das Nutzungsrecht eine Verdinglichung aufweisen müsse. Bei dieser, von allen Autoren zumindest der Sache nach geforderten Verdinglichung, wird der Vererblichkeit eine herausragende Rolle beigemessen. Arnold hat dies mit dem Satz "Erblichkeit ist die Mutter der Dinglichkeit" besonders deutlich formuliert. Bei den Befürwortern des geteilten Eigentums besteht völlige Einigkeit darüber, daß die Verfestigung des Nutzungsrechts in Richtung auf Dauer durch die hinzutretende Vererblichkeit der entscheidende Schritt sei, der es erlaube, dem Nutzungsberechtigten anstelle eines lediglich beschränkt dinglichen Rechts die Stellung eines (Nutz-) Eigentümers zuzusprechen. Sehr nachdrücklich betonen neben dem bereits zitierten Arnold auch Beseler und Runde diesen Zusammenhang zwischen Erbrecht und Eigentum.
Abschließend sei noch kurz darauf hingewiesen, daß bei den germanistischen Autoren bereits verschiedentlich anklingt, daß es auch außerhalb der traditionellen Institute des geteilten Eigentums (z.B. beim Lehen) zu einer Trennung von Nutzungs- und Verfügungsrecht kommen kann, welche die beschriebenen Strukturen aufweist. Stobbe nennt in diesem Zusammenhang die Treuhandverhältnisse und Gierke bringt das Anwartschaftsrecht in Verbindung mit dem Teilungsgedanken.

Dritter Teil: Das geteilte Eigentum seit Inkrafttreten des Bürgerlichen Gesetzbuches

I. Das Bürgerliche Gesetzbuch vom 18. August 1896

1873 wurde auf wiederholten Antrag der Abgeordneten Miquel und Lasker die Reichsverfassung durch eine Bestimmung ergänzt, die dem Reich eine Kompetenz für das gesamte bürgerliche Recht einräumte.
Zu diesem Zeitpunkt war, wie im ersten Teil dargestellt, dem privatrechtlichen Institut des geteilten Eigentums in seiner historisch überkommenen Form jedoch durch die Ablösungsgesetzgebung bereits weitgehend die reale Grundlage entzogen worden.
In der Pandektenwissenschaft des 19. Jahrhunderts hatte sich zudem der römisch-klassische Eigentumsbegriff durchgesetzt, mit der unbeschränkten und ausschließlichen Herrschaftsmacht des Eigentümers als entscheidendem Kriterium[1]. Die Totalität und Unteilbarkeit dieses Eigentumsbegriffs war mit der Vorstellung eines geteilten Eigentums unvereinbar. Diese Auffassung hatte auch in den Kodifikationen Eingang gefunden. Das am 1. März 1865 in Kraft getretene Bürgerliche Gesetzbuch für das Königreich Sachsen beispielsweise verbot in § 226 das geteilte Eigentum ausdrücklich[2].
Unter Berücksichtigung dieses Hintergrundes verwundert es nicht, daß bereits die 1874 vom Bundesrat zur Aufstellung von Richtlinien und zur Klärung grundsätzlicher Fragen einberufene Vorkommission diejenigen Institute, in denen die Figur des geteilten Eigentums ihre konkrete Ausprägung gefunden hatte (z.B. Lehensrecht, Erbzins- und Erbpachtrecht) als "im Absterben begriffene Institute germanischen Ursprungs" nicht in die neu zu schaffende Kodifikation aufnehmen wollte[3].
Zur Anfertigung eines Entwurfs eines bürgerlichen Gesetzbuches für das Deutsche Reich wählte der Bundesrat am 2. Juli 1874 die elf Mitglieder der sogenannten

---

[1]Arndts, S. 197 und S. 204 ; Dernburg, S. 435 ff.; Windscheid, S. 463 f.

[2]§ 226 sächs. BGB lautet: "Die im Eigenthum enthaltenen Befugnisse können nicht unter mehreren Eigenthümern so aufgetheilt sein, daß der eine ein Obereigenthum und der andere ein nutzbares Eigenthum hat. Die Überlassung einzelner Eigenthumsbefugnisse an einen Anderen kann nur Rechte an einer fremden Sache begründen".

[3]Vgl. Wagner, S. 123

ersten Kommission. Als Redaktor für das Sachenrecht bestimmte sie den preußischen Oberjustizrat Reinhold Johow. In seiner Textskizze, die er für die Redaktorenkonferenz anfertigte, sah Johow vor, daß eine Scheidung der Eigentümerbefugnisse in ein Ober- und ein Nutzeigentum nicht zulässig sein sollte. Bereits begründete Rechtsverhältnisse sollten von dem Verbot allerdings unberührt bleiben[4]. Der Vorschlag Johows für die Gesamtkommission sah ebenfalls ein ausdrückliches Verbot des geteilten Eigentums vor. Bei den Allgemeinen Bestimmungen über das Eigentum schlug Johow einen § 87 folgenden Inhalts vor: "Das Eigenthum an einer Sache kann mehreren zu gleicher Zeit nur ungetheilt zustehen. Insbesondere findet die Theilung des Eigenthums in Ober- und Nutzungseigenthum nicht statt"[5]. Zur Begründung beruft sich Johow auf den sowohl in der Wissenschaft als auch im allgemeinen Rechtsbewußtsein etablierten römisch-klassischen Eigentumsbegriff: "In der Doktrin des gemeinen Rechts besteht jedoch längst kein Zweifel mehr, daß die Scheidung der in dem Eigenthum liegenden Befugnisse in Ober- und Untereigenthum nicht blos unrömisch, sondern auch unvereinbar ist mit dem Begriff des Eigenthums"[6]. Auch die bestehende partikularrechtliche Kodifizierung des geteilten Eigentums vermochte in den Augen Johows nichts daran zu ändern, daß, "die Stellung des bürgerlichen Gesetzbuches gegenüber dem getheilten Eigenthum nur eine ablehnende sein kann"[7]. Praktische Bedeutung hätte das geteilte Eigentum in diesen Kodifikationen nur für das Lehnrecht, die Bauerngüter, das Erbzinsrecht und die Familienfideikommisse erlangt[8]. Diesen Rechtsgebieten käme jedoch entweder eine nur lokale Bedeutung zu, oder sie hätten durch die Ablösungsgesetzgebung ihre praktische Relevanz eingebüßt[9]. Ihre Regelung sei deshalb dem Landesrecht zu überlassen, da "das BGB nur das lebendige Recht der Gegenwart in sich aufzunehmen hat"[10].

Der Empfehlung der Vorkommission und dem Vorschlag von Johow folgend, nahm die erste Kommission in den von ihr ausgearbeiteten Entwurf weder das geteilte

---

[4]Jakobs/Schubert, S. 16

[5]Schubert, S. 28

[6]Materialien, Sachenrecht I, S. 522

[7]Materialien, Sachenrecht I, S. 523

[8]Materialien, Sachenrecht I, S. 523 f.

[9]Materialien, Sachenrecht I, S. 522 ff.

[10]Materialien, Sachenrecht I, S. 524

Eigentum noch die Rechtsinstitute auf, bei denen es eine Rolle gespielt hatte. Den Ausschluß jener Rechtsinstitute, namentlich des Lehensrechts, der Erbzinsrechte und der Erbpachtrechte, begründen die Motive in enger Anlehnung an Johow damit, daß das Bürgerliche Gesetzbuch eine moderne Kodifikation sein sollte, in die keine Rechtsinstitute Eingang finden sollten, "die dem Rechtsbewußtsein weiter Kreise der Bevölkerung entschwunden sind"[11]. Für die Nichtaufnahme des geteilten Eigentums selbst war maßgeblich, daß die Mitglieder der ersten Kommission, der allgemeinen Ansicht ihrer Zeit entsprechend, von dem Dogma ausgingen, daß das Eigentum unteilbar und umfassend sei. In den Motiven heißt es hierzu: "Die einzelnen Befugnisse des Eigenthümers ... lassen sich nicht selbständig aufzählen; das Bedürfnis einer solchen Aufzählung liegt auch nicht vor, da das Eigenthum nicht eine Summe einzelner Befugnisse ist. Deshalb läßt sich das Eigenthum auch nicht so theilen, daß dem Einen und dem Anderen eine Reihe bestimmter im Eigenthume liegender Befugnisse zugewiesen werden und dem beiderseitigen Rechte der Karakter des Eigenthums beigemessen wird"[12].

Die Verfasser des Bürgerlichen Gesetzbuches legten dabei besonderes Gewicht darauf, daß Verfügungs- und Nutzungsbefugnis auf Dauer gesehen in einer Hand blieben. Durch den Ausschluß von vererblichen und veräußerlichen Nutzungsrechten sollte eine endgültige Abspaltung des gesamten Nutzungsrechts vom gesamten Verfügungsrecht vermieden werden: "Der Entwurf sieht einem solchen Mißverhältnisse thunlichst vorzubeugen, indem er die Begründung vererblicher veräußerlicher Nutzungsrechte nicht und im Übrigen die Begründung begrenzter Rechte an der Sache nur auf eine begrenzte Dauer oder unter Beschränkung des Rechtsinhalts zuläßt"[13].

Dieses Eigentumsverständnis war den Mitgliedern der ersten Kommission so selbstverständlich, daß sie, im Gegensatz zum Sächsischen BGB und dem Vorschlag Johows, es nicht für nötig hielten, das geteilte Eigentum ausdrücklich zu verbieten, sondern es in ihrem Entwurf schlicht nicht berücksichtigten[14].

Bei den Arbeiten zum zweiten Entwurf eines bürgerlichen Gesetzbuches wurde die Frage des geteilten Eigentums überhaupt nicht mehr erörtert. In dem am 24. August

---

[11]Motive III, S 4

[12]Motive III, S 262

[13]Motive III, S. 262; vgl. ausführlich zu diesem Aspekt Hattenhauer, S. 90 ff.

[14]Motive III, S. 263

1896 veröffentlichten[15] und am 1. Januar 1900 in Kraft getretenen Bürgerlichen Gesetzbuch ist das geteilte Eigentum nicht mehr berücksichtigt.
Aufgrund der Art 59, 63 und 184 des Einführungsgesetzes zum Bürgerlichen Gesetzbuch konnte das geteilte Eigentum lediglich noch im Landesrecht weiterexistieren, sofern es dort schon vor Erlaß des Bürgerlichen Gesetzbuches bestand.
Durch das Kontrollratsgesetz Nr. 45 vom 20. Februar 1947 wurden schließlich die Artikel 59 und 63 EGBGB aufgehoben. Damit war das geteilte Eigentum in seiner historisch entstandenen Form vollständig aus den deutschen Gesetzbüchern verschwunden.

II. Der Gedanke der Eigentumsteilung im geltenden Recht

Wie sich aber gezeigt hat, konnten die Romanisten dem geteilten Eigentum seine Existenzberechtigung nicht absprechen. Deshalb ist allein mit der Nichtberücksichtigung des geteilten Eigentums im Bürgerlichen Gesetzbuch noch nicht gesagt, daß ihm im heutigen Recht keine Bedeutung mehr zukommt.
Sowohl in der Literatur als auch in der Rechtsprechung finden sich vielmehr verstärkt Tendenzen, die verschiedenen rechtlichen Phänomenen Eigenschaften zuerkennen, die für das geteilte Eigentum charakteristisch waren. Es stellt sich daher die Frage, ob nicht unterschwellig und weitgehend unbemerkt der Teilungsgedanke weiterlebt oder gar eine Renaissance des Teilungsgedankens von statten gegangen ist.
Angesichts der Grundentscheidung des Bürgerlichen Gesetzbuches gegen das geteilte Eigentum enthalten die modernen Lehrbücher des Sachenrechts keine zusammenhängende Darstellung des geteilten Eigentums mehr. Der Gedanke eines zwischen mehreren Berechtigten geteilten Eigentums taucht nur noch gelegentlich bei einzelnen Rechtsproblemen auf. Dies macht es erforderlich, im folgenden von dem bisherigen nach Autoren geordneten Aufbau zu einer an Sachproblemen orientierten Darstellung überzugehen.

1. Eigentumsrechte an Grundstücken

Dem Bürgerlichen Gesetzbuch mit seinem abstrakten Eigentumsbegriff, der nur

---

[15] RGBl., S. 195 ff.

noch eine Differenzierung zwischen dem Vollrecht Eigentum und beschränkt dinglichen Rechten an fremder Sache kennt, liegt die Vorstellung zugrunde, daß das Eigentum nicht die Summe von verschiedenen Einzelbefugnissen sei, sondern vielmehr ein umfassendes Recht ist[16].

Im Hinblick auf die Regelung des § 889 BGB wird im Schrifttum jedoch gelegentlich bezweifelt, ob das Bürgerliche Gesetzbuch diesen Grundsatz vom Eigentum als der umfassenden Sachherrschaft konsequent durchhält oder ihn nicht selbst durchbricht[17].

§ 889 BGB bestimmt, daß ein Recht an einem fremden Grundstück nicht dadurch erlischt, daß der Eigentümer das Recht bzw. der Berechtigte das Eigentum erwirbt. Durch den Ausschluß der Konsolidation beim Zusammenfallen von Eigentum und beschränktem dinglichen Recht läßt es § 889 BGB somit zu, daß der Grundstückseigentümer durch das nachträgliche Zusammentreffen von Eigentum und ursprünglichem Fremdrecht in einer Person oder durch die anfängliche Bestellung von dinglichen Rechten am eigenen Grundstück Rechte erwirbt. Diese Rechte am eigenen Grundstück, die vor allem dem Eigentümer eine günstige Rangposition sichern sollen, werden als Eigentümerrechte bezeichnet[18]. Die ursprüngliche Bestellung eines Eigentumsrechts ist im Gesetz in § 1199 BGB für die Rentenschuld und in § 1196 I BGB für die Grundschuld ausdrücklich zugelassen. Es entspricht heute der ganz gängigen Praxis, daß der Eigentümer im Rahmen der Baufinanzierung zunächst gewissermaßen auf Vorrat eine Eigentümergrundschuld bestellt, um sie später auf einen Darlehensgeber übertragen zu können, der eine erstrangige Sicherheit verlangt. Neben den bereits im Gesetz vorgesehenen Fällen der anfänglichen Bestellung eines Eigentümerrechts ist diese von der ganz herrschenden Meinung auch für die Grunddienstbarkeit[19], den Nießbrauch[20], die Reallast [21] sowie die beschränkt persönliche Dienstbarkeit[22] in Verallgemeinerung des in den §§ 889, 1196, 1199 BGB zum Ausdruck kommenden Gedankens, anerkannt worden.

---

[16]Vgl. Motive III, S. 262

[17]Olzen, S. 113; Strauch, S. 283 f.

[18]Palandt/Bassenge, vor § 854 Rz. 7

[19]RGZ 142, 234 ff.

[20]LG Hamburg, DNotZ 1969, 39; Palandt/Bassenge, § 1030 Rz. 4

[21]Palandt/Bassenge, § 1105 Rz. 3

[22] BGHZ 41, 211; LG Lüneburg, NJW-RR 1990, 1037; Jauernig/Jauernig, § 1090 Rz. 13

Aus der Tatsache, daß der Eigentümer an seinem eigenen Grundstück ein Recht erwerben kann, wird im Schrifttum geschlossen, daß im Bürgerlichen Gesetzbuch abweichend von dem Grundsatz, daß das Eigentum das umfassende Herrschaftsrecht ist, eben gerade doch die Aufspaltung des Eigentums in einzelne Befugnisse zugelassen wird, deren Summe das Eigentum bilde[23]. Es wird dabei betont, daß es mit der Vorstellung des Eigentums als dem umfassenden Herrschaftsrecht des Eigentümers nicht vereinbar sei, daß diesem ein Recht, z.B. ein Nießbrauch, gesondert eingeräumt werde, das ihm ohnehin bereits als Eigentumselement zustehe. Die Eigentumsrechte ließen sich vielmehr nur dann schlüssig erklären, wenn man mit der Summentheorie davon ausginge, daß das Eigentum die Summe einzelner Befugnisse sei, die in ihrer Gesamtheit das Eigentum bilden, jedoch auch als Teilrechte bestehen könnten.

Aus der Anerkennung von Eigentümerrechten durch das Gesetz läßt sich jedoch allenfalls die Erkenntnis ableiten, daß auch unter der Geltung des Bürgerlichen Gesetzbuches noch gesetzlich verankerte Ansätze der Vorstellung, daß das Eigentum die Summe einzelner Befugnisse ist, vorhanden sind. Aus den Eigentümerrechten können jedoch keine darüber hinausgehenden Schlüsse hinsichtlich des Fortbestands des geteilten Eigentums in seiner historisch gewachsenen Form gezogen werden. Es ist bereits nicht erkennbar, wieso eine Vereinigung von Rechten in einer Hand auf den Teilungsgedanken hinweisen sollte. Eine Aufspaltung von Eigentümerbefugnissen auf mehrere Berechtigte findet eben nicht statt. Das Institut des geteilten Eigentums ist aber gerade durch die Konstellation gekennzeichnet, daß die Eigentümerbefugnisse unter verschiedene, nebeneinanderstehende Personen aufgeteilt werden. Ferner ist auch nicht ersichtlich, daß die Rechte an eigener Sache selbst eine Art Eigentum sein sollten bzw. das Eigentum nicht ohne sie gedacht werden könnte.

2. Abstrakter Nutzungsschaden

Die Rechtsprechung des BGH zur Erstattungsfähigkeit des Nutzungsschadens bei Beschädigung oder Zerstörung einer eigengenutzten Sache wird in der Literatur[24]

---

[23]Olzen, S. 113; Strauch, S. 283 f.

[24]Olzen, S. 110 ff.; Strauch, S. 284

als weiterer Anwendungsfall des Teilungsgedankens im gegenwärtigen Recht angeführt.
Nach der inzwischen gefestigten Rechtsprechung des BGH[25] steht dem Eigentümer eines privatgenutzten Kraftfahrzeuges im Falle der Beschädigung bzw. Zerstörung für den zeitweiligen Verlust der Gebrauchsmöglichkeit eine Geldentschädigung auch dann zu, wenn er sich während der Dauer der Reparatur keinen Ersatzwagen mietet.
Diese ursprünglich ausschließlich für den Nutzungsausfall bei Kraftfahrzeugen entwickelte Rechtsprechung wurde vom BGH mittlerweile auf weitere Güter ausgedehnt, deren ständige Verfügbarkeit für die eigenwirtschaftliche Lebenshaltung von zentraler Bedeutung sind[26].
Der BGH geht dabei zunächst von der im Schadensersatzrecht anerkannten Differenzmethode aus, nach der zur Ermittlung des Schadens die tatsächliche Vermögenssituation des Ersatzberechtigten nach dem schädigenden Ereignis mit der -hypothetischen- Situation zu vergleichen ist, die bestehen würde, wenn es nicht zu der Rechtsgutverletzung gekommen wäre. Unter Zugrundelegung der Differenzmethode erscheint es dabei zunächst ausgeschlossen, für den zeitweiligen Entzug der Gebrauchsmöglichkeit einen neben den Reparaturkosten gesonderten Anspruch auf Nutzungsentschädigung zuzusprechen, da nach der Durchführung der Reparatur und dem Ausgleich eines eventuellen merkantilen Minderwertes die Vermögenslage dieselbe zu sein scheint, wie wenn das schädigende Ereignis nicht eingetreten wäre.
Der BGH bleibt bei diesem Ergebnis jedoch nicht stehen, sondern betont, daß der Differenzrechnung eine wertende Entscheidung darüber vorausgehen müsse, welche Positionen in diese Rechnung einzustellen seien[27]. Bei dieser normativen Betrachtung müsse aber berücksichtigt werden, "daß Wesen und Bedeutung des Vermögens sich nicht in dessen Bestand -dem 'Haben'- erschöpfen, sondern daß sie auch die im Vermögen verkörperten Möglichkeiten für den Vermögensträger umfassen, es zur Verwirklichung seiner Lebensziele zu nutzen"[28]. Nach Ansicht des BGH wird dieser Nutzwert einer Sache für den Zeitraum, in dem sie dem Ge-

---

[25]Grundlegend BGHZ 40, 345; zustimmend etwa: MünchKomm/Grunsky, vor § 249 Rz. 17; Zeuner, AcP 163, S. 394; Wiese, S. 18 ff.

[26]BGHZ 98, 212, 222

[27]BGHZ 98, 212, 217

[28]BGHZ 98, 212, 218

schädigten aufgrund der Reparatur nicht zur Verfügung steht, durch den als Substanzwert bezeichneten üblichen Bilanzwert nicht hinreichend erfaßt. Dies folge bereits daraus, daß der Substanzwert auf den Güterbestand, der Nutz- oder Gebrauchswert hingegen auf den Gütereinsatz ausgerichtet sei[29].

Mit dem abstrakten Eigentumsbegriff des Bürgerlichen Gesetzbuches, der von der Unteilbarkeit des Eigentums ausgeht, ist es jedoch nicht vereinbar, neben dem Recht an der Sachsubstanz ein gesondertes Nutzungsrecht anzunehmen. Unter Zugrundelegung dieses abstrakten Eigentumsbegriffs ist die Nutzungsbefugnis lediglich eine der im Eigentum enthaltenen Befugnisse, deren Beeinträchtigung durch den Schadensersatz für die Sachbeschädigung mitabgegolten ist. Dementsprechend stellt der Nutzwert auch keinen gegenüber dem Sachwert gesonderten Posten der Differenzrechnung dar, sondern geht in diesem auf, da die Nutzbarkeit einer Sache bei der Einschätzung ihres Wertes mitberücksichtigt wird[30].

Nach der gefestigten Rechtsprechung des BGH sind jedoch sowohl der Sachschaden als auch die Verletzung der Nutzungsmöglichkeit zu ersetzen. Der BGH hat damit im Ergebnis die Nutzungsmöglichkeit als ein selbständig geschütztes Gut anerkannt.

Diese Verselbständigung der Gebrauchsmöglichkeit neben dem Eigentum wird als Beleg dafür angeführt, daß auch in der Rechtsprechung des BGH zum Nutzungsausfall vom abstrakten Eigentumsbegriff abgerückt worden sei[31]. Die Anerkennung eines selbständigen Nutzungsrechts neben dem Recht an der Sachsubstanz stelle letztlich der Sache nach eine inhaltliche Aufteilung des Eigentums dar[32].

Der Teilungsgedanke wird vom BGH jedoch nicht konsequent durchgehalten. Die Verselbständigung des Nutzungsrechts müßte nämlich auch dann zu einem Schadensersatzanspruch führen, wenn der Eigentümer die Gebrauchsentziehung nicht spürt, weil er die beschädigte Sache nicht nutzen kann oder will. Der BGH hingegen schränkt den Anspruch auf Ersatz der Nutzungsentschädigung auf die Fälle der "fühlbaren Vermögenseinbußen" ein[33].

---

[29]BGHZ 92, 212, 221

[30]Lange, S. 283; Larenz I, § 29 II c, S. 501; Medicus, S. 293; Schiemann JuS 1988, S.23

[31]Strauch, S. 284; Olzen, S. 110 ff.

[32]So etwa Strauch, S. 284

[33]BGHZ 40, 345, 353; BGHZ 98, 212, 220

Der Nutzungswert wird danach nicht ersetzt, wenn er nicht realisierbar gewesen ist, etwa weil der Geschädigte selbst verletzt wurde und deshalb nicht Auto fahren konnte.
Wie zuvor schon die Eigentümerrechte so kann aber auch die Rechtsprechung des BGH zum Nutzungsausfall nicht als ein Anwendungsfall des geteilten Eigentums im geltenden Recht angesehen werden. Bei der Rechtsprechung zum Nutzungsausfall kommt es lediglich für einen eng begrenzten Problemkreis in Abkehr vom totalen Eigentumsbegriff des Bürgerlichen Gesetzbuches zu einer inhaltlichen Teilung des Eigentums in verschiedene Befugnisse. Auch hier fehlt es aber an der das geteilte Eigentum kennzeichnenden Aufteilung der Befugnisse auf mehrere nebeneinanderstehende Berechtigte.

3. Fiduziarische Sicherungsrechte

a) Der Kauf unter Eigentumsvorbehalt

aa) Interessenlage und rechtliche Ausgestaltung

Der Eigentumsvorbehalt ist das häufigste Sicherungsmittel der Warenlieferanten[34].
Wenn der Verkäufer auf die sofortige Bezahlung des Kaufpreises verzichtet, obwohl er dem Käufer die gekaufte Sache bereits aushändigt, gewährt er dem Käufer Kredit. Es ist augenscheinlich, daß bei dieser Konstellation ein Sicherungsbedürfnis des vorleistenden Verkäufers besteht: Er gibt das Kaufobjekt aus der Hand, ohne die Gewißheit zu haben, daß er den Kaufpreis tatsächlich erhält.
Die erstrebte Sicherheit bietet dem Verkäufer die Rechtsfigur des Eigentumsvorbehalts, indem der Verkäufer sich bis zur vollständigen Zahlung des Kaufpreises das Eigentum an der verkauften Sache vorbehält.
Beim Verkauf unter Eigentumsvorbehalt (§ 455 BGB) ist dabei zwischen der schuldrechtlichen und der sachenrechtlichen Seite zu unterscheiden[35].
Der schuldrechtliche Kauf ist dadurch gekennzeichnet, daß die Kaufpreisforderung ganz oder teilweise gestundet wird, und den Verkäufer lediglich eine Verpflichtung zur Übereignung der Kaufsache unter der Bedingung der vollständigen Erfüllung

---

[34] Jauernig/Jauernig, § 929 Rz. 26

[35] Jauernig/Vollkommer, § 455 Rz. 4

des Kaufpreisanspruchs trifft. Außerdem soll nach der Vermutung des dispositiven § 455 BGB der Verkäufer zum Rücktritt vom Kaufvertrag berechtigt sein, wenn der Käufer mit der Zahlung des Kaufpreises in Verzug gerät.

Auf der sachenrechtlichen Ebene wirkt sich der Eigentumsvorbehalt dahingehend aus, daß der Verkäufer dem Käufer zwar den unmittelbaren Besitz an der verkauften Sache einräumt, daß aber die dingliche Einigung gemäß der zweiten Auslegungsregel des § 455 BGB unter der aufschiebenden Bedingung der vollständigen Zahlung des Kaufpreises erfolgt. Das Eigentum an der verkauften Sache bleibt deshalb nach ganz herrschender Meinung[36] beim Verkäufer, bis der Kaufpreis voll bezahlt ist (§ 158 BGB). Bleibt die Kaufpreiszahlung ganz oder teilweise aus, so kann der Vorbehaltsverkäufer bei Auflösung des Kaufvertrages seinen dinglichen Herausgabeanspruch nach § 985 BGB gegen den Käufer geltend machen.

Die Situation beim Kauf unter Vereinbarung eines Eigentumsvorbehalts ist somit dadurch gekennzeichnet, daß der Vorbehaltskäufer aufgrund des ihm eingeräumten tatsächlichen Besitzes schon vor Eintritt der Bedingung die volle Sachnutzung hat, während dem Vorbehaltsverkäufer lediglich der von der Rechtsordnung eingeräumten formale Eigentumsschutz verbleibt.

Dies entspricht auch den Interessen der Beteiligten: Der Käufer will die Sache nutzen können, ohne daß er sofort den Kaufpreis bezahlen muß, und der Verkäufer will seinen Umsatz fördern, ohne auf sofortiger Bezahlung bestehen zu müssen. Dieser Blick auf die Interessenlage zeigt, daß der Verkäufer nicht mehr an der Sache selbst, sondern lediglich an dem Kaufpreis interessiert ist. Diese Ausrichtung des Verkäufers auf den Kaufpreis wird auch an dem Verhalten der Vorbehaltsverkäufer deutlich, wenn der Vorbehaltskäufer seiner Zahlungsverpflichtung nicht nachkommt. In der Mehrzahl der Fälle erklärt der Verkäufer nicht den Rücktritt vom Vertrag, was zum Verlust seines Restkaufpreisanspruchs führen würde, sondern er sucht Befriedigung, indem er seinen Anspruch titulieren läßt und an-

---

[36] Vgl. nur Jauernig/Jauernig, § 929 Rz. 38; aA ist lediglich Blomeyer, AcP 153, S. 239, der dem Vorbehaltskäufer schon vor Bedingungseintritt die Stellung eines vollen Eigentümers beilegt und die des Vorbehaltsverkäufers als Verfallpfandrecht deutet. Blomeyers Ansicht ist jedoch nicht haltbar, da sie mit dem Regelungsgehalt der §§158 I, 455 BGB nicht in Einklang zu bringen ist und auch §§ 1204 ff. BGB zuwiderläuft, die eine Pfandbestellung durch Besitzkonstitut nicht zulassen.

schließend im Wege der Zwangvollstreckung seine eigene Sache pfänden läßt[37]. Der hinter dem Eigentumsvorbehalt stehende wirtschaftliche Zweck liegt somit darin, dem Käufer den umfassenden wirtschaftlichen Nutzen der Kaufsache zu ermöglichen und zugleich dem Verkäufer für den kreditierten Kaufpreis eine dingliche Sicherheit zu gewähren. Der Sicherungsaspekt tritt vor allem beim verlängerten Eigentumsvorbehalt zutage[38]. Bei ihm gestattet der Vorbehaltskäufer gem. § 185 BGB die Vorbehaltsware im Rahmen des ordnungsgemäßen Geschäftsverkehrs zu veräußern. Anstelle seines mit der Veräußerung erlöschenden Eigentums läßt sich der Vorbehaltsverkäufer zu seiner Sicherung die künftigen Kaufpreisforderungen gegen die Abkäufer abtreten. Dem Verkäufer dient sein Eigentum nur noch als dingliche Sicherung, so daß seine Stellung rein praktisch auf ein pfandrechtsähnliches Sicherungsrecht beschränkt ist[39].

Der Eigentumsvorbehalt ist somit dadurch gekennzeichnet, daß der Vorbehaltsverkäufer die im Eigentum enthaltene Sicherungs- und Verwertungsbefugnis behält, während Besitz und Nutzungsbefugnis an dem Vorbehaltsgut ausschließlich dem Vorbehaltskäufer zustehen.

bb) Die Rechtsposition des Vorbehaltskäufers

Der Vorbehaltskäufer hat auch bereits vor Bedingungseintritt eine gesicherte Erwerbsposition, die ihm bei Zahlung des Kaufpreises nicht mehr einseitig durch den Verkäufer entzogen werden kann. Der Schutz des Vorbehaltskäufers ergibt sich vor allem durch § 161 I BGB. Nach § 161 I 1 BGB werden vertragswidrige Zwischenverfügungen des noch berechtigten Veräußerers mit dem Bedingungseintritt ungeachtet ihrer vorläufigen Wirksamkeit unwirksam: Der Verkäufer kann also durch seine Verfügung den Eigentumserwerb des Käufers grundsätzlich nicht mehr verhindern.

Neben Verfügungen des Vorbehaltsverkäufers sind gem. § 161 I 2 BGB auch Zwangsvollstreckungsmaßnahmen, z.B. eine Pfändung nach § 808 ZPO, dem

---

[37]Die Pfändung von im Eigentum des Gläubigers stehenden Sachen wird allgemein für zulässig erachtet, vgl. nur Zöller/Stöber, 804 Rz. 3; Baumbach/Lauterbach/Albers/Hartmann, § 804 Rz. 6

[38]S. ausführlich zu ihm Serick , S. 153 ff.

[39]Georgiades, S. 150

Vorbehaltskäufer gegenüber unwirksam, sobald die Bedingung eintritt. Der durch § 161 I BGB gewährte Schutz wird durch § 986 II BGB ergänzt, wonach der Vorbehaltskäufer sein Recht zum Besitz auch einem Dritterwerber entgegenhalten kann. Ferner gewährt dem Vorbehaltskäufer § 162 I BGB Schutz gegen die treuwidrige Vereitelung des Bedingungseintritts durch den Verkäufer. Und gem. §§ 372, 378 BGB kann er ohne Mitwirkung des Veräußerers den Bedingungseintritt herbeiführen, indem er den (Rest-) Kaufpreis unter Verzicht auf sein Rücknahmerecht hinterlegt. Schließlich wird der Käufer durch einen Schadensersatzanspruch nach § 160 I BGB geschützt, wenn durch ein schuldhaftes Verhalten des Verkäufers die Vorbehaltssache untergeht oder der Rechtserwerb anderweitig beeinträchtigt wird.

Diese gesicherte Erwerbsposition ist der Grund dafür, daß Rechtsprechung und die herrschende Lehre zugunsten des Vorbehaltskäufers ein Anwartschaftsrecht an der Sache anerkannt haben.

cc) Der Teilungsgedanke beim Eigentumsvorbehalt in der wissenschaftlichen Diskussion

Angesichts dieser wirtschaftlichen Interessenlage, die zu einer Aufteilung der Nutzungs- und Verfügungsbefugnis zwischen Käufer und Verkäufer führt, und der beschriebenen gesetzlichen Ausgestaltung verwundert es nicht, daß in der Rechtslehre verschiedentlich der Versuch unternommen wurde, das Problem der systematischen Einordnung der Rechtsstellung des Vorbehaltskäufers mit dem Teilungsgedanken zu lösen.

Einer der ersten Wissenschaftler, der die Rechtsstellung des Vorbehaltskäufers mit dem Begriff der Rechtsteilung in Verbindung brachte, war Philipp Heck.

Er vertritt in seinem "Grundriß des Sachenrechts" (1930) unter Hervorhebung des aufgezeigten Interessengehalts die Auffassung, daß die bedingte Übereignung einer Sache zu einer Rechtsteilung führe[40]. Heck gelangt zu dieser Feststellung anhand einer Interessenabwägung, die er als "Funktionsbetrachtung"[41] bezeichnet. Ausgangspunkt ist für ihn dabei, daß der einzelnen Sache als einem "gegebenen und nicht beliebig erweiterbaren Lebensgut" ein nur begrenzter Interessengehalt zu-

---

[40] Heck, S. 90

[41] Heck, S. 79

kommen kann, den sich Eigentümer und dinglich Berechtigte teilen müssen[42]. Von diesem, am tatsächlichen "Lebenswert" bzw. "Interessengehalt" einer Sache orientierten Blickwinkel aus, kommt es für Heck bei jeder Aufteilung der Sachnutzung unter verschiedene Berechtigte zwangsläufig zu einer Teilung des Eigentums, da die beschränkten dinglichen Rechte ihrem Lebenswert nach qualitativ gleichwertige Eigentumsteile seien und nicht lediglich das begriffliche Gegenstück zum Eigentum[43]. Das Teilungsprinzip ist nach Heck also in erster Linie in dem Interessengehalt begründet. Die Übereignung einer Sache unter der Bedingung der vollständigen Kaufpreiszahlung bedeutet für Heck dem Interessengehalt nach somit, im Gegensatz zur vorbehaltslosen Eigentumsübertragung, im Ergebnis eine bloße Teilübertragung[44].

Dieser durch die Qualitätsgleichheit charakterisierte Teilungsgedanke steht nach Heck auch in Einklang mit den deutschen Rechtsquellen, die ihrerseits bezüglich Eigentum und begrenzten Rechte von einem Generalbegriff der Sachherrschaft ausgegangen seien, und ist damit für ihn auch rechtshistorisch begründet[45].

Ernst Letzgus zieht in seiner Habilitationsschrift "Die Anwartschaft des Käufers unter Eigentumsvorbehalt" (1938) ebenfalls den Teilungsgedanken zur Einordnung der Rechtsstellung des Vorbehaltskäufers in das System der dinglichen Rechte heran.

Letzgus sieht in Abgrenzung zur Ansicht des Reichsgerichts (RGZ 140, 223, 228 f.) in der Anwartschaft des Vorbehaltskäufers nicht ein -neben den vom Gesetz nur zugelassenen Eigentum, Nießbrauch und Pfandrecht- unzulässiges weiteres dingliches Recht, sondern ordnet sie vielmehr unmittelbar dem Eigentum zu[46]. Die Einstufung als Eigentum rechtfertigt sich nach Letzgus daraus, daß es im Hinblick auf den mit dem Eigentumsvorbehalt verfolgten Sicherungszweck zu einer zeitlichen Aufspaltung der Eigentümerbefugnisse zwischen Vorbehaltskäufer und Vorbehaltsverkäufer kommt[47]. Der Teilungsgedanke ist bei Letzgus somit durch eine zeitliche Komponente gekennzeichnet.

---

[42] Heck, S. 79

[43] Heck, S. 79

[44] Heck, S. 82

[45] Heck, S. 80

[46] Letzgus, S. 14

[47] Letzgus, S. 14

Letzgus hält eine solche Aufspaltung der Eigentümerbefugnisse, die er als Teilung im Querschnitt bezeichnet, auch mit der Eigentumsordnung des Bürgerlichen Gesetzbuches für vereinbar. Er stützt sich dabei hauptsächlich auf die §§ 746, 751, 1010 BGB, denen er entnimmt, daß beim Miteigentum im Hinblick auf die Verwaltung und Benutzung eine Teilung der gleichartigen Befugnisse der Miteigentümer, eine "Teilung im Längsschnitt", möglich sei[48]. Die Zulässigkeit einer solchen "Teilung im Längsschnitt" läßt Letzgus die Schlußfolgerung ziehen, daß auch die zeitliche Aufteilung der Eigentümerbefugnisse zu Sicherungszwecken zwischen Vorbehaltsverkäufer und Vorbehaltskäufer im Querschnitt möglich sei, zumal auch hier regelmäßig ein Benutzungsverhältnis vorliege[49].

Zur Stützung seiner Auffassung, daß die Anwartschaft des Vorbehaltskäufers als Eigentum zu behandeln sei, zieht Letzgus ferner einen Vergleich mit dem auflösend bedingten Eigentum heran. Obwohl dieses bereits kein volles Eigentum mehr sei, würde diesem die Anerkennung als Eigentum nicht verweigert werden. Dann sei aber auch das aufschiebend bedingte Eigentum als Eigentum anzuerkennen[50].

Der von Letzgus in der Auseinandersetzung um das Anwartschaftsrecht des Vorbehaltskäufers formulierte Gedanke einer zeitlichen Rechtsteilung wurde von Ludwig Raiser in seiner 1961 erschienenen rechtsdogmatischen Untersuchung "Dingliche Anwartschaften" wieder aufgegriffen.

Raiser stellt an den Beginn seiner Ausführungen über das Verhältnis des Anwartschaftsrechts des Vorbehaltskäufers zum Eigentum eine Interessenbetrachtung, die ihn zu dem Ergebnis führt, daß bei der Anwartschaft im Gegensatz zu den beschränkt dinglichen Rechten Nießbrauch und Pfandrecht keine spezifischen, aus dem Eigentum ausgegrenzten und als Eigentumsbelastung dem Vorbehaltskäufer zustehenden Befugnisse erkennbar seien. Vielmehr habe der Vorbehaltskäufer, der die Sache auf Dauer benutzen wolle, dieselben Befugnisse und Interessen wie der Eigentümer, lediglich eingeschränkt durch die Sacherhaltungspflicht gegenüber dem Eigentümer[51]. Raiser knüpft hieran die Schlußfolgerung, daß das Anwartschaftsrecht des Vorbehaltskäufers, dem er dinglichen Charakter zuspricht[52], nicht als

---

[48]Letzgus, S. 14

[49]Letzgus, S. 14

[50]Letzgus, S. 14

[51]Raiser, S. 64

[52]Raiser, S. 63 und S. 66

beschränkt dingliches Recht, sondern als Vorstufe des Eigentums, auf dessen Erwerb es gerichtet ist, anzusehen sei. Bestätigt sieht er sich in dieser Ansicht durch die Auffassung des BGH, der in Anlehnung an Schwister[53] das Anwartschaftsrecht des Vorbehaltskäufers als ein dem Eigentum "wesensgleiches minus" bezeichnet[54]. Dieser enge Zusammenhang zwischen Anwartschaftsrecht und Eigentum veranlaßt Raiser dazu, Veräußerer und Erwerber gemeinsam als "den Eigentümer" der Vorbehaltssache anzusehen[55].

Raiser geht beim Kauf unter Eigentumsvorbehalt also von einer Teilung der Eigentumsbefugnisse aus. Unter Bezugnahme auf den Gedanken Letzgus' von der Teilung des Eigentums "im Querschnitt" sieht er das für die Teilung maßgebliche Prinzip im Zeitmoment[56]. Der Rechtserwerb sei zeitlich gestreckt, so daß das Eigentumsrecht erst allmählich vom Veräußerer auf den Erwerber übergehe. Der Erwerber erhalte während dieses Übergangszustands zunächst als Vorstufe einen abgespaltenen Eigentumsteil, um den das Eigentum des Veräußerers allerdings bereits vermindert sei[57]. Solange die Positionen von Veräußerer und Erwerber sich ablösen, nimmt Raiser folglich eine Teilung des Vollrechts Eigentum in der Zeit an, mit der Konsequenz, daß Verkäufer und Käufer der Vorbehaltssache als "Nebeneigentümer" anzusehen seien[58].

Gerade im Hinblick auf das Prinzip der zeitlichen Teilung hält Raiser eine Funktionsteilung auch mit dem (statischen) Sachenrechtssystem des Bürgerlichen Gesetzbuches für vereinbar. Das Zeitmoment schließe eine dauerhafte Abspaltung von Nutzungs- und Verfügungsbefugnis aus. Verwirrung und Rechtsunsicherheit seien durch die Eigentumsaufspaltung folglich nicht zu besorgen[59].

Aus der systematischen Einordnung des Verhältnisses zwischen Veräußerer und Anwärter als einen Vorgang der Eigentumsteilung zieht Raiser auch unmittelbar praktische Konsequenzen für die Behandlung der gesetzlich nicht geregelten Fragen der Rechtsstellung des Vorbehaltskäufers. Aufgrund seiner These des geteilten

---

[53]Schwister, JW 1933, S. 1762

[54]Raiser, S. 66

[55]Raiser, S. 66

[56]Raiser, S. 66

[57]Raiser, S. 66 f.

[58]Raiser; S. 68; Raiser, Funktionsteilung des Eigentums, S. 178

[59]Raiser, Funktionsteilung des Eigentums, S. 187 f.

Eigentums entscheidet Raiser, daß dem Vorbehaltskäufer bereits vor der vollständigen Zahlung des Kaufpreises sowohl gegenüber Dritten als auch gegenüber dem Veräußerer die Eigentumsschutzansprüche nach § 985 BGB und § 1004 BGB zustehen[60]. Als weitere Rechtsfolgen der geteilten Sachherrschaft leitet Raiser ab, daß der Vorbehaltskäufer ein absolutes Recht zum Besitz habe und die Vorbehaltssache als Eigenbesitzer besitze, dem Vorbehaltsverkäufer also keinen Besitz vermittle[61]. Ferner könnten wegen der Eigentumsteilung Vorbehaltskäufer und Vorbehaltsverkäufer Delikts- und Bereicherungsansprüche nur so geltend machen, daß an sie gemeinsam zu leisten sei[62]. Weitere Konsequenz aus der Lehre vom geteilten Eigentum sei, daß die Gläubiger des Vorbehaltskäufers in die Vorbehaltssache vollstrecken und gesetzliche Pfandrechte an ihr geltend machen könnten. Der Vorbehaltsverkäufer sei in diesen Fällen auf ein Recht auf vorzugsweise Befriedigung nach § 805 ZPO bzw. 1232 BGB beschränkt, die Drittwiderspruchsklage nach § 771 ZPO stehe ihm nicht zu[63]. Auch im Konkurs des Vorbehaltskäufers könne er nicht die Aussonderung der Vorbehaltssache, sondern nur abgesonderte Befriedigung verlangen[64].

Der Gedanke Raisers, beim Kauf unter Eigentumsvorbehalt während des Ablösevorgangs sowohl Veräußerer als auch Erwerber als Eigentümer anzusehen, ist in der Literatur verschiedentlich auf Ablehnung gestoßen.

Karl Larenz wendet gegen das gespaltene Eigentumsrecht ein, daß ein solches dem Gesetz fremd sei und für seine Zulassung auch kein unabweisbares Verkehrsbedürfnis bestünde. Insbesondere widerspreche eine Aufspaltung und Übertragung von Eigentumsbefugnissen bereits vor Bedingungseintritt dem Willen des Veräußerers, der sich gerade das Eigentum als das an der Sache bestehende Vollrecht vorbehalten wolle[65].

Werner Flume, der die Rechtsstellung des Vorbehaltskäufers ausschließlich aus der Bedingungslehre entwickeln will, hält den Gedanken Raisers von einem in der Zeit geteilten Eigentum ebenfalls für mit der Rechtsordnung nicht vereinbar. Er urteilt

---

[60]Raiser, S. 76

[61]Raiser, S. 73 f.

[62]Raiser, S. 83 f.

[63]Raiser, S. 91 f.

[64]Raiser, S. 94 ff.

[65]Larenz II 1, § 43 II c, S. 117

hierüber: "Nur handelt es sich, was die angebliche Teilung des Eigentums anbetrifft, nicht um eine 'Erkenntnis', sondern um eine Behauptung, die zudem in unserer Rechtsordnung keine Stütze findet'"[66].

Ähnliche Kritik äußert auch Apostolos Georgiades. Er betont, daß nach der Rechtsordnung das Eigentum als das unbeschränkte Herrschaftsrecht einer Person über eine Sache gegenständlich unteilbar sei[67]. Raisers Konstruktion laufe aber gerade auf eine Eigentumsteilung hinaus, weil bei ihr jedem Eigentümer ein bestimmter Teil der sich aus dem Eigentum ergebenden Befugnisse zugeteilt werde. Im Ergebnis würde Raiser damit die dem Bürgerlichen Gesetzbuch fremde Figur des Ober- und Untereigentums wieder einführen[68]. Darüber hinaus sei das Nebeneinander mehrerer Eigentümer mit dem Allgemeininteresse nicht vereinbar, das eine zuverlässige Feststellung des Eigentümers verlange[69].

Bedenken gegen die Ansicht Raisers hat auch Hans Forkel, der die Zuordnung eines bereits gegenwärtigen Eigentumsfragments an den Vorbehaltskäufer als Widerspruch zu der Abhängigkeit des Rechtserwerbs von dem Fortbestand des Kaufvertrags sieht[70]. Diese schuldrechtliche Abhängigkeit der Rechtsstellung des Vorbehaltskäufers verbiete es, sie über ein Erwerbsrecht hinaus bereits als zeitlichen Teil des Vollrechts zu behandeln[71].

Rolf Serick hält den Vorschlag Raisers, die Anwartschaft beim Kauf unter Eigentumsvorbehalt als Eigentumsteilung im zeitlichen Ablauf zu deuten, für in sich widersprüchlich[72]. Raiser betrachte einerseits Veräußerer und Erwerber zusammen als "den Eigentümer", da die Stellung des Veräußerers um die Befugnisse geschwächt sei, die bereits auf den Erwerber übergegangen seien. Andererseits betone Raiser, daß der Veräußerer weiterhin als Eigentümer mit allen sich daraus ergebenden Rechtsfolgen zu behandeln sei. Das Recht desjenigen, das aufgrund einer Spaltung der Eigentümerbefugnisse geschwächt sei, kann nach Serick aber gerade

---

[66]Flume, AcP 161, S. 399 Fn. 28

[67]Georgiades, S. 102 f.

[68]Georgiades, S. 102

[69]Georgiades, S. 103

[70]Forkel, S. 165

[71]Forkel, S. 166

[72]Serick, S. 208

nicht mehr das Volleigentum sein[73]. Dieser Widerspruch lasse sich auch nicht dadurch auflösen, daß man dem Vorbehaltsverkäufer das wichtigere Stück Eigentum zuweise, da nach dem Konzept Raisers die entscheidenden Befugnisse dem Erwerber zugeordnet seien. Insbesondere das wichtigste Recht, das Recht auf den endgültigen Eigenbesitz, stehe nach Raiser nämlich dem Vorbehaltskäufer zu[74]. Ferner sei ein Eigentum, bei dem kraft rechtsgeschäftlicher Vereinbarung das essentielle Recht auf den endgültigen Eigenbesitz einem anderen eingeräumt sei, unserer Rechtsordnung fremd[75].

dd) Die Behandlung der wichtigsten Probleme des Anwartschaftsrechts durch die herrschende Meinung als Hinweis auf eine Eigentumsteilung

Die dargestellte Kritik an dem Teilungsgedanken basiert durchweg darauf, daß das Eigentum des Bürgerlichen Gesetzbuches als inhaltlich umfassend und unteilbar angesehen wird. Die unbedingte Unteilbarkeit des Eigentums sowie die strenge Scheidung zwischen ius in re aliena und Eigentum werden dabei als selbstverständlich vorausgesetzt. Aufgrund dieser apriorischen Anerkennung des Dogmas der Unteilbarkeit nimmt diese Auffassung aber in unzulässiger Weise die Antwort auf die zu beantwortende Frage vorweg, ob nicht mit der gesetzlichen Anerkennung des Eigentumsvorbehalts in § 455 BGB insoweit gerade von dem totalen, unteilbaren Eigentumsbegriff abgerückt worden ist.

Allein durch die Berufung auf ein bestimmtes Eigentumsmodell läßt sich die Diskussion um den Teilungsgedanken also nicht sachgerecht lösen. Zur Beurteilung dieser Fragestellung soll deshalb die Behandlung der im Zusammenhang mit dem Anwartschaftrecht des Vorbehaltskäufers auftretenden wichtigsten Einzelfragen in der Praxis durch die herrschende Meinung herangezogen werden. Herausgegriffen werden sollen die Frage der Übertragbarkeit, die Rechtsstellung in der Einzelzwangsvollstreckung und im Konkurs sowie das Schutzproblem.

Hinsichtlich der Übertragbarkeit der Anwartschaft ist bereits seit langer Zeit allgemein anerkannt, daß der Vorbehaltskäufer seine Rechtsposition ohne Zustim-

---

[73]Serick, S. 208

[74]Serick, S. 208 f.

[75]Serick, S. 209

mung des Vorbehaltsverkäufers auf Dritte übertragen kann[76]. Die Eigentumsübertragung erfolgt dabei nicht nach §§ 413, 398 BGB durch bloße Einigung, sondern analog den Vorschriften über die Eigentumsübertragung[77]. Die Anwartschaft vermittelt nämlich den Erwerb des Vollrechts, so daß eine Übertragung durch bloße Einigung dem Publizitätsprinzip nicht entsprechen würde. Durch gutgläubigen Erwerb kann dabei auch ein nicht dem Veräußerer zustehendes, jedoch als solches bestehendes Anwartschaftsrecht in analoger Anwendung der §§ 932 ff. BGB erworben werden[78].

Bei einer Vollstreckung in die Vorbehaltssache bestehen nach ganz herrschender Meinung folgende Rechtsbehelfe:

Der Vorbehaltsverkäufer kann sich mit der Drittwiderspruchsklage aus § 771 ZPO gegen ihre Pfändung durch einen Gläubiger des Vorbehaltskäufers wehren[79].

Im umgekehrten Fall - bei Pfändung der Kaufsache durch Gläubiger des Vorbehaltsverkäufers - wird der Vorbehaltskäufer in der Regel im Besitz der Sache sein, so daß einer Pfändung ohne seine Zustimmung bereits § 809 ZPO entgegensteht. In dem seltenen Fall, daß der Vorbehaltskäufer keinen Gewahrsam hat, etwa weil sich die Sache zur Reparatur beim Veräußerer oder einem Dritten befindet, kann er aufgrund seines Anwartschaftsrechts ebenfalls die Klage nach § 771 ZPO erheben[80]. Begründet wird dies damit, daß die Eigentumsverschaffung durch den Gerichtsvollzieher keine Verfügung im Wege der Zwangsvollstreckung nach § 161 I 2 BGB sei. Der Ersteher erwerbe das Eigentum also endgültig und nicht lediglich aufschiebend bedingt. Die Anwartschaft des Vorbehaltskäufers würde also erlöschen und dem müsse dieser über § 771 ZPO zuvorkommen können. Auch wenn der Vorbehaltskäufer sein Anwartschaftsrecht sicherungshalber einem Dritten übertragen hat und ein Gläubiger des Vorbehaltskäufers die Sache pfändet, kann auf das Anwartschaftrecht die Drittwiderspruchsklage gestützt werden[81].

Im Konkurs des Vorbehaltsverkäufers kann der Vorbehaltskäufer bei Zahlung des

---

[76]RGZ 101, 185; Palandt/Bassenge, § 929 Rz. 45

[77]BGHZ 20,88; BGH NJW 1984, 1184

[78]Palandt/Bassenge, § 929 Rz. 46 m.w.N.; aA Brox JuS 1984, S. 661 f.

[79]BGHZ 54, 214, 218; Baumbach/Lauterbach/Albers/Hartmann, § 771 Rz. 17; Jauernig, Zwangsvollstreckung, S. 60

[80]BGHZ 55, 20, 26; BGH JZ 1978, 199, 200

[81]Serick, S. 292

Restkaufpreises gem. § 43 KO aussondern, wobei unter Heranziehung von § 161 I BGB oder § 242 BGB versucht wird, die Ablehnung der Erfüllung nach § 17 KO auszuschließen, um das Anwartschaftsrecht konkursfest zu machen[82].

Im Zusammenhang mit dem Schutz der Rechtsposition des Vorbehaltskäufers wird heute ganz überwiegend angenommen, daß das Anwartschaftsrecht des Vorbehaltskäufers ein "sonstiges Recht" i.S. des § 823 I BGB ist[83]. § 823 I BGB schützt folglich sowohl das Vorbehaltseigentum des Veräußerers als auch die Anwartschaft des Erwerbers, während der Schädiger für den Sachwert selbstverständlich nicht doppelt haftet. Im Hinblick auf den Sachwert kommt es somit zu einer Konkurrenz beider Ansprüche. Die sich hieraus ergebende Problematik in bezug auf den Inhalt des Schadensersatzanspruches als auch die Person des Ersatzberechtigten ist bislang in Rechtsprechung und Lehre noch nicht abschließend geklärt. In der Rechtsprechung der Instanzgerichte wird meist dem Anwärter der ganze Schadensersatzanspruch zugesprochen, wobei zur Begründung die vom Käufer gem. § 446 BGB zu tragende Preisgefahr[84] sowie der Gedanke der Drittschadensliquidation bei Obhutsverhältnissen angeführt wird[85]. Der BGH nimmt dagegen eine Schadensteilung vor, indem er dem Vorbehaltskäufer einen eigenen Anspruch hinsichtlich des Substanzschadens gibt, der jedoch um den zum Zeitpunkt der unerlaubten Handlung noch ausstehenden Restkaufpreis zu kürzen ist[86].

In der Rechtslehre gibt es ebenfalls unterschiedliche Lösungsansätze. Zum Teil wird im Hinblick auf § 158 BGB vertreten, daß nur dem Vorbehaltsverkäufer ein Schadensersatzanspruch zusteht, der bei Bedingungseintritt jedoch gem. § 281 BGB an den Käufer abgetreten werden muß[87]. Andere geben dem Anwärter einen eigenen Anspruch auf das Sachwertinteresse, der unter Hinweis auf § 160 BGB allerdings vom Eintritt der Bedingung abhängig gemacht wird[88]. Ferner wird unter Heranziehung des in § 1127 BGB enthaltenen Gedankens der dinglichen Surroga-

---

[82]Baur, § 59 III 1 bb), S. 595 m.w.N.

[83]RGZ 170,1,6; OLG Celle NJW 1960, 967; Baur § 59 V 5, S. 605; Raiser S. 42; Forkel, S. 205

[84]OLG Jena SeuffA 62 (1907) Nr. 35

[85]RGZ 170, 1,6; OLG Kiel HRR 38 Nr. 673; OLG München HRR 42 Nr. 275

[86]BGH WM, Teil IV B 57, 515, 517

[87]V. Tuhr, S. 297 f.

[88] Planck ,§ 160 Anm. 7; Enneccerus/Nipperdey, S. 1199

tion erwogen, daß dem Vorbehaltsverkäufer die Schadensersatzforderung zusteht und der Anwartschaftsberechtigte ein Anwartschaftrecht an der Forderung erlangt[89]. Am meisten Anklang findet jedoch die Auffassung, nach der in entsprechender Anwendung der §§ 432,1281 BGB der Schädiger den Substanzschaden an den Vorbehaltsverkäufer und den Vorbehaltskäufer gemeinschaftlich zu leisten hat[90]. Beiden entstehe ein bereits gegenwärtiger Vermögensschaden, wobei es zum Schutz des Schädigers, dem das Innenverhältnis regelmäßig unbekannt sei, erforderlich sei, daß die Ansprüche nur einmal und auf Leistung an beide gerichtet, geltend gemacht werden könnten[91].

Diese Betrachtung der Lösung der wichtigsten Probleme des Anwartschaftsrechts durch die herrschende Meinung macht überaus deutlich, daß die Anwartschaft in vielfacher Hinsicht wie das Vollrecht Eigentum behandelt wird und dem Anwärter trotz der grundsätzlichen Ablehnung des Teilungsgedankens in der Zivilrechtsdogmatik Rechte und Rechtsbehelfe wie einem Eigentümer zugebilligt werden. Insbesondere im Bereich der Zwangsvollstreckung werden dem Vorbehaltskäufer Rechtsbehelfe zugestanden, welche über die der Inhaber beschränkt dinglicher Rechte hinausgehen.

Die unterschwellige Allgegenwärtigkeit der Vorstellung eines funktionell geteilten Eigentums bei den Lösungsansätzen der herrschenden Meinung zeigt sich auch daran, daß sich die von der herrschenden Auffassung bei den Problemen des Anwartschaftsrechts entwickelten Lösungen sämtlich als selbstverständlich ergeben, wenn man davon ausgeht, daß es zu einer Teilung des Eigentums zwischen Vorbehaltskäufer und Vorbehaltsverkäufer kommt.

Im neueren Schrifttum wird denn auch unter Hinweis auf die funktionelle Absonderung von Nutzung und Verfügungsrecht, die weitreichenden Befugnisse und Rechte des Anwärters sowie dessen gesicherte Rechtsposition das Beharren auf dem abstrakten unteilbaren Eigentumsbegriff zunehmend in Zweifel gezogen und dabei die dogmatische Einordnung der Stellung des Vorbehaltskäufers aus dem Teilungsgedanken vorgenommen.

Olzen beispielsweise betont, daß dem Vorbehaltsverkäufer die uneingeschränkte Nutzungs- und Ausschließungsbefugnis nicht zustehe, so daß beim Vorbehalts-

---

[89]Rühl, S. 98 ff ; M. Wolf, S. 283

[90]Raiser, S. 82 f.; Baur, § 59 V 5, S. 604 f. ; Palandt/Bassenge, § 929 Rz. 43 m.w.N.

[91]Raiser, S. 83

eigentum von einem Recht i.S.d. § 903 BGB nicht die Rede sein könne[92]. Weil das Bürgerliche Gesetzbuch das Vorbehaltseigentum aber ausdrücklich anerkenne, könne § 903 BGB nicht die Grundlage eines umfassenden Eigentumsbegriffs sein[93]. Die funktionelle Eigentumsteilung beim Vorbehaltskauf wird auch von Fritz Baur anerkannt[94]. Im Anschluß an Heck und dessen Funktionsbetrachtung weist Baur in seinem "Lehrbuch des Sachenrechts" darauf hin, daß beim Kauf unter Eigentumsvorbehalt das Eigentum dem Interessengehalt nach aufgeteilt werde. Der Vorbehaltsverkäufer behalte das im Eigentum stehende Sicherungs- und Verwertungsrecht, während dem Vorbehaltskäufer die volle Nutzung zustehe[95].

Unter Bezugnahme auf diese Ausführungen Baurs hat Raiser seine These von der Eigentumsteilung gegen ihre Kritiker verteidigt[96] und dabei die Zustimmung Strauchs[97] erhalten.

Wolfgang Wiegand betrachtet den Kauf unter Eigentumsvorbehalt ebenfalls als einen Anwendungsfall der funktionellen Eigentumsteilung. Er bleibt jedoch nicht bei dieser Feststellung stehen, sondern stellt sogar eine unmittelbare Beziehung zu der Lehre vom dominium directum und utile her, indem er die Stellung des Anwärters aufgrund der diesem verliehenen weitreichenden Befugnisse mit der des Nutzeigentümers gleichstellt[98]. Mit Blick auf die ganz überwiegende Auffassung in der Rechtswissenschaft[99], die dem Vorbehaltskäufer ein gegenüber jedermann wirkendes dingliches Recht zum Besitz gibt und ihm folglich gegen einen unberechtigten Besitzer Ansprüche aus §§ 985 ff. BGB in analoger Anwendung einräumt, führt Wiegand in diesem Zusammenhang aus: "Die Einräumung der Vindikation an den Anwartschaftsberechtigten führt gerade zurück zum Ausgangspunkt, der nach der gemeinrechtlichen Doktrin zur Ausbildung des dominium utile geführt hatte, zu dem Schluß von der vindicatio utilis auf das dominium utile"[100].

---

[92]Olzen, S. 123

[93]Olzen, JuS 1984, S. 330

[94]Baur, § 59 I 1 b), S. 590

[95]Baur, § 59 V 1, S. 599 f.

[96]Raiser, Funktionsteilung des Eigentums, S. 174 und S. 178 f.

[97]Strauch, S. 288

[98]Wiegand, S. 154

[99]Palandt/Bassenge, § 929 Rz. 42 m.w.N.; Raiser, S. 62; Baur § 59 V b) cc), S. 601

[100]Wiegand, S. 154 Fn. 156

Der Gedanke des geteilten Eigentums ist wegen der Zubilligung umfangreicher Befugnisse und Rechte an den Anwärter durch die herrschende Meinung also auch in jüngerer Zeit, trotz der Kritik an der Lehre Raisers, zur systematischen Erfassung der Rechtsverhältnisse beim Kauf unter Eigentumsvorbehalt verschiedentlich reaktiviert worden.

Ulrich Hübner, der seinerseits die Rechtsposition des Vorbehaltskäufers als pfandrechtsbelastetes Eigentum versteht[101], hält die Auffassung, die davon ausgeht, daß beim Anwartschaftsrecht das Eigentum zwischen Veräußerer und Erwerber geteilt sei, sogar für die mittlerweile herrschende[102].

Diese Einschätzung Hübners dürfte jedoch nicht zutreffend sein, wie bereits die heftige Kritik, die an der These vom Teilungsgedanken geübt wurde, zeigt. Die herrschende Meinung hält vielmehr nach wie vor an der in Rechtsprechung und Rechtslehre fest eingebürgerten Darstellung des Anwartschaftsrechts als eines besonderen dinglichen Erwerbsrechts und "wesensgleichen Minus zum Eigentum" fest. Dies ist auch die eigene Einschätzung der Autoren, die die These vom geteilten Eigentum vertreten. Raiser beispielsweise stellt selbst fest, daß sein Vorschlag, die Anwartschaft des Vorbehaltskäufers als Eigentumsteilung im zeitlichen Ablauf zu deuten, bislang nur wenig Anklang gefunden hat[103].

b) Sicherungsübereignung

aa) Die Interessenlage und die rechtliche Ausgestaltung

Der Sicherungsübereignung kommt zur Sicherung von Geldkrediten, insbesondere von Bankkrediten, im Bereich der Mobiliarsicherheiten eine zentrale Bedeutung zu[104]. Die Sicherungsübereignung stellt daher den wohl wichtigsten Anwendungsfall der eigennützigen Treuhand dar.

Bei der Sicherungsübereignung sind drei Rechtsgeschäfte zu unterscheiden[105]: Auf schuldrechtlicher Ebene sind dies zum einen das Rechtsverhältnis, aus dem die

---

[101]Hübner, NJW 1980, S. 735

[102]Hübner, NJW 1980, S. 730

[103]Raiser, Funktionsteilung des Eigentums, S. 174

[104]Vgl. etwa Staudinger/Wiegand, Anh. zu §§ 929-931 Rz. 62

[105]Palandt/Bassenge, § 930 Rz.12

zu sichernde Forderung stammt, z.B. ein Darlehensvertrag sowie zum anderen der Sicherungsvertrag (Sicherungsabrede). Die Sicherungsabrede begründet die Pflicht zur Sicherungsübereignung, bestimmt den Zweck der Übereignung und regelt die Rechtsbeziehungen zwischen Sicherungsgeber und Sicherungsnehmer in bezug auf das Sicherungsgut.

Neben diese schuldrechtliche Seite tritt als dingliches Element die eigentliche Sicherungsübereignung. Die Einigung über den Eigentumsübergang kann dabei auflösend bedingt getroffen werden, wobei die Bedingung in der vollständigen Erfüllung der gesicherten Forderung liegt. Die Sicherungsübereignung geschieht regelmäßig in der Form des § 930 BGB, durch Einigung und Vereinbarung eines Besitzmittlungverhältnisses. Der Schuldner bleibt dadurch im unmittelbaren Besitz der als Sicherungsgut dienenden Sache und kann diese weiterhin für seine Zwecke nutzen. Weiterhin wird das Ausmaß seiner Verschuldung nach außen nicht erkennbar. Die Sicherungsübereignung hat aufgrund dieser beiden erheblichen Vorteile das Mobiliarpfandrecht (§1204 BGB), das als Publizitätserfordernis zwingend die Übergabe der Sache verlangt, in der Praxis vollständig verdrängt[106].

Weil es sich bei der Sicherungsübereignung rein sachenrechtlich gesehen nach ganz herrschender Meinung um eine gewöhnliche Übereignung i.S.d. §§ 929 ff. BGB handelt, wird der Sicherungsnehmer (Dritten gegenüber) unbeschränkter Eigentümer der Sache, während der Sicherungsgeber sein bisheriges Eigentum verliert[107]. Dieser Überschuß an Rechtsmacht wird im Innenverhältnis zum Sicherungsnehmer durch den Sicherungszweck schuldrechtlich begrenzt. Der Sicherungsnehmer darf die Sache nur bei Eintritt des Sicherungsfalls verwerten, insbesondere veräußern, und muß sie nach Wegfall des Sicherungszwecks an den Sicherungsgeber zurückübereignen. Aufgrund dieses ganz im Vordergrund stehenden Sicherungszwecks unterscheidet sich die Sicherungsübereignung deutlich von der im Warenverkehr vorgenommenen Übereignung. Der Sicherungsnehmer erstrebt an der Sache keinerlei Nutzungsbefugnis, sondern ihm kommt es ausschließlich darauf an, daß ihm zur Absicherung seines Kredits der Sachwert des Sicherungsguts gegenüber anderen Gläubigern vorrangig gebührt. Er begnügt sich somit faktisch mit der Stellung eines Pfandgläubigers, die ihm lediglich aus rein rechtstechnischen Gründen nicht einge-

---

[106]Jauernig/Jauernig, vor § 1204 Rz. 3

[107]Vgl. nur etwa MünchKomm/Quack, Anh. zu §§ 929-936 Rz. 5; Paland/Bassenge, § 930 Rz. 11; Staudinger/Wiegand, Anh. zu §§ 929-931, Rz. 63

räumt werden kann[108]. Der eigentliche Zweck der Sicherungsübereignung liegt also darin, daß der Sicherungsnehmer bei Eintritt des Sicherungsfalls aufgrund seiner Eigentümerstellung die Sache heraus verlangen und verwerten kann. Besonders augenscheinlich wird diese auf den bloßen Sicherungszweck reduzierte Stellung des Sicherungsnehmers im Falle der verlängerten Sicherungsübereignung. Bei ihr ermächtigt der Sicherungsnehmer den Sicherungsgeber gem. § 185 I BGB, die Sache im ordentlichen Geschäftsverkehr weiter zu veräußern, so daß der Sicherungsnehmer sein Eigentum verliert. An die Stelle des Eigentums tritt die bereits im voraus abgetretene Kaufpreisforderung gegen den Erwerber. Die verlängerte Sicherungsübereignung kommt vor allem bei der Sicherungsübereignung von Warenlagern mit wechselndem Bestand zur Anwendung. In diesen Fällen zeigt sich auch nochmals mit aller Deutlichkeit, wie wenig der Sicherungsnehmer, der die ihm gehörenden Sachen regelmäßig gar nicht konkret kennt, an der Nutzungsbefugnis interessiert ist[109].

Neben der Betonung des Sicherungszwecks unterscheidet sich die Sicherungsübereignung von der Eigentumsübertragung im Warenverkehr dadurch, daß die Eigentumsübertragung nur bis zur Erreichung des Sicherungszwecks erfolgen soll. Nach der vollständigen Erfüllung der zu sichernden Forderung soll das Eigentum wieder an den Sicherungsgeber zurückübertragen werden. Die Sicherungsübereignung ist also von vornherein nur als vorläufige gewollt[110].

Die Sicherungsübereignung ist folglich dadurch gekennzeichnet, daß bei ihr für die Dauer des Sicherungszwecks eine Funktionsteilung hinsichtlich des Eigentums an dem Sicherungsgut eintritt[111]: Dem Sicherungsgeber gebührt die alleinige und umfassende Nutzung der Sache, während die Stellung des Sicherungsnehmers auf das bloße "Zu-Eigen-Haben" der Sache, das nudum ius beschränkt ist.

Diese Aufspaltung der Nutzungs- und Sachbefugnis sowie der vorläufige Charakter der Sicherungsübereignung veranlassen Olzen zu der Feststellung, daß bei dem durch eine Sicherungsübereignung erlangten Eigentum von einem Recht i.S.d. § 903 BGB nicht die Rede sein könne[112].

---

[108] Vgl. Baur, § 57 I 1 b), S. 567 f.; Raiser, Funktionsteilung des Eigentums, S. 173

[109] Olzen, S. 115; Raiser, Funktionsteilung des Eigentums, S. 173

[110] Baur, § 57 I 1a), S. 567; MünchKomm/Quack, Anh. zu §§ 929- 936 Rz. 10

[111] Raiser, Funktionsteilung des Eigentums, S. 173

[112] Olzen, S.116

Diesem Umstand, daß der Sicherungsnehmer rein formaljuristisch Eigentümer geworden ist, wirtschaftlich betrachtet aber der Sicherungsgeber, dem weiterhin die alleinige Nutzung zusteht, Eigentümer geblieben ist, trägt auch die herrschende Meinung in Literatur und Rechtsprechung bei der Behandlung des Sicherungseigentums in Zwangsvollstreckung und Konkurs Rechnung[113].

Unter Berufung auf das "wirtschaftliche Eigentum" des Sicherungsgebers behandelt sie ihn, als sei er Eigentümer und gewährt ihm im Konkurs des Sicherungsnehmers ein Aussonderungsrecht nach § 43 KO und im Falle der Zwangsvollstreckung von Gläubigern des Sicherungsnehmers in das Sicherungsgut gibt sie ihm die Drittwiderspruchsklage nach § 771 ZPO. Umgekehrt wird dem Sicherungsnehmer trotz seines Eigentums im Konkurs des Sicherungsgebers nur das Recht auf abgesonderte Befriedigung eingeräumt. Bei der Zwangsvollstreckung durch Gläubiger des Sicherungsnehmers in das Sicherungsgut steht ihm allerdings auch die Drittwiderspruchsklage zu[114].

Die Aufspaltung der Sach- und Nutzungsbefugnisse auf den Sicherungsnehmer und den Sicherungsgeber veranlaßt die herrschende Meinung also dazu, dem Sicherungsgeber Rechtsbehelfe zuzubilligen, die eigentlich dem Eigentümer zustehen und macht ihn so zumindest teilweise funktionell zum Teileigentümer.

Bei der Sicherungsübereignung kommt es also zu einer dem unteilbaren Eigentumsbegriff des Bürgerlichen Gesetzbuches widerstreitenden Trennung der Eigentumsfunktionen[115]. Zweifellos zeigt sich in dem Rechtsinstitut der Sicherungsübereignung der Teilungsgedanke in Form der Pluralität von Nutzungs- und Verfügungsrecht.

bb) Die Rechtsposition des Sicherungsgebers

Fraglich erscheint jedoch, ob man die Sicherungsübereignung darüber hinaus als eine moderne Erscheinungsform des geteilten Eigentums ansehen kann.

---

[113]Siehe hierzu Baur, § 57 VI, S. 587 f.; Palandt/Bassenge, § 930 Rz. 22 ff.

[114]Palandt/Bassenge, § 930 Rz. 22 ff.

[115]So insbesondere Olzen, S. 114; Raiser, Funktionsteilung des Eigentums, S. 173; Westermann, S. 6 f., Gernhuber, JuS 1988, S.358 f.

Hierzu tendiert offensichtlich Strauch, der bezüglich der Stellung von Sicherungsnehmer und Sicherungsgeber schreibt[116]:

"Tatsächlich scheint mir aber der Gedanke des geteilten Eigentums auch hier zuzutreffen: Die Partner bilden eine Rechtsgemeinschaft eigener Art nach Teilrechten, wobei dem Sicherungsgeber das wirtschaftliche oder Nutzeigentum, dem Sicherungsnehmer das Substanzeigentum zusteht, das ihm erlaubt, sich aus den übereigneten Sachen zu befriedigen."

Gernhuber ist wegen der dem Treugeber zugewiesenen Befugnisse ebenfalls der Ansicht, daß der Begriff des "geteilten Eigentums" das Treuhandeigentum als Eigentum mit geminderter Zuordnung zutreffend bezeichne[117].

In den eingangs gemachten Ausführungen zur historischen Entwicklung der Lehre vom geteilten Eigentum wurde aufgezeigt, daß in der Rechtswissenschaft allein die Aufspaltung von Sachnutzung und Proprietät noch nicht als ausreichend angesehen wurde, um ein dominium utile des Nutzungsberechtigten anzunehmen. Vielmehr war hierfür erforderlich, daß dessen Nutzungsrecht eine gewisse Verfestigung inne hatte und nicht mehr von der Willkür des Obereigentümers abhängig war. Dem Vasallen wurde beispielsweise erst dann ein dominium utile zuerkannt, als das ursprünglich auf rein persönlichen Bindungen beruhende Lehen unter anderem durch das Hinzutreten der Erblichkeit eine gewisse Verfestigung erfuhr.

Bei der Sicherungsübereignung wird man richtigerweise daher danach zu unterscheiden haben, ob die Eigentumsübertragung unter der auflösenden Bedingung der vollständigen Erfüllung der zu sichernden Forderung oder unbedingt erfolgt.

Im letzten Fall hat der Sicherungsgeber bei Erfüllung der Forderung lediglich aus der Sicherungsabrede einen schuldrechtlichen Anspruch gegen den Sicherungsnehmer auf Rückübereignung der Sache, da die Sicherungsübereignung nach ganz einhelliger Auffassung nicht akzessorisch ist[118]. Im Falle der bedingten Einigung erwirbt der Sicherungsgeber hingegen mit Eintritt der Bedingung ipso iure das Eigentum. Die Stellung des Sicherungsgebers bei unbedingter Übereignung ist vor allem aber auch bei vertragswidrigen Verfügungen des Sicherungsnehmers äußerst schwach, da der Sicherungsnehmer als Eigentümer verfügungsbefugt ist. Der Erwerber erwirbt also unbeschränktes Eigentum mit der Folge, daß der Sicherungs-

---

[116]Strauch, S. 288

[117]Gernhuber, JuS 1988, S. 359

[118]BGH NJW 1984, 1184,1186; Staudinger/Wiegand, Anh. zu §§ 929-931 Rz. 187

nehmer zur Rückübereignung an den Sicherungsgeber unvermögend wird. Im Falle der bedingten Einigung ist der Sicherungsgeber hingegen durch § 161 II BGB gegen vertragswidrige Verfügungen des Sicherungsnehmers geschützt.
Wegen dieser gesicherten Stellung steht dem Sicherungsgeber, der das Sicherungsgut unter der auflösenden Bedingung der Erfüllung der zu sichernden Forderungen übereignet hat, nach herrschender Meinung ein Anwartschaftrecht an der Sache zu, das dem des Vorbekaltskäufers vergleichbar ist[119].
Während der Sicherungsgeber im Falle einer auflösend bedingten Übereignung also eine durchaus geschützte Position hinsichtlich der Sachsubstanz hat, ist die Zuordnung des Sicherungsgebers zu ihr bei unbedingter Übereignung äußerst schwach.
Zusammenfassend kann daher festgehalten werden, daß allenfalls dem Sicherungsgeber, der auflösend bedingt übereignet hat, eine dem Nutzeigentum vergleichbare Position zustehen kann.
Das Vorliegen einer bedingten Sicherungsübereignung ist in der Praxis jedoch äußerst selten. Nach herrschender Meinung gibt es nämlich keine Auslegungsregel, daß bei nicht ausdrücklich anderweitiger Regelung eine bedingte Einigung anzunehmen sei. Diese bedarf vielmehr einer ausdrücklichen Vereinbarung[120]. Die gängige Praxis im Kreditverkehr sieht jedoch regelmäßig eine unbedingte Sicherungsübereignung vor[121].

c) Beschränkung der Eigentumsteilung auf das Immobiliarrecht ?

Heinz Wagner nimmt im abschließenden Ausblick seines Werkes "Das geteilte Eigentum im Naturrecht und Positivismus" die Sicherungsübereignung und den Eigentumsvorbehalt von vornherein als Anwendungsfälle des geteilten Eigentums aus[122]. Mit der Sicherungsübereignung und dem Eigentumsvorbehalt sei der ge-

---

[119]BGH, NJW 1984, 1184; Staudinger/Wiegand, Anh. zu §§ 929-931 Rz.106; Baur, § 57 III 1b), S. 571

[120]Palandt/Bassenge, § 930 Rz. 15; Staudinger/Wiegand, Anh. zu §§ 929-931 Rz. 198 f.; BGH NJW 1984, 1184; BGH NJW 1991, 353

[121]MünchKomm/Quack, Anh. zu §§ 929-936 Rz. 94; M. Wolf, S. 315; BGH NJW 1984, 1184; BGH NJW 1991, 353

[122]Wagner, S. 132 f.

schlossene Kreis der dinglichen Rechte des Bürgerlichen Gesetzbuches zwar überschritten worden, dennoch könnten diese dem Fahrnisrecht zugehörigen Rechtsinstitute nicht als moderne Erscheinungsformen des geteilten Eigentums qualifiziert werden, da der Anwendungsbereich des geteilten Eigentums auf das Liegnschaftsrecht beschränkt sei. Diese prinzipielle Beschränkung des geteilten Eigentums auf das Immobiliarrecht ist unzutreffend und letztlich auf die Zielsetzung der Arbeit von Wagner zurückzuführen.

Wagner gibt eine umfassende Darstellung der rechtshistorischen Entwicklung der Lehre vom geteilten Eigentum, ohne daß er jedoch hieraus übergeordnete Prinzipien des geteilten Eigentums ableitet. Aufgrund seiner ausschließlich historischen Betrachtungsweise stellt sich das geteilte Eigentum für Wagner zwangsläufig als ein Rechtsinstitut des Liegenschaftsrechts dar, da in der von ihm bearbeiteten Literatur die Anwendungsfälle des geteilten Eigentums sich fast ausschließlich auf das Liegenschaftsrecht beziehen.

Diese Beschränkung der Lehre vom geteilten Eigentum auf das Immobiliarrecht hat ihre Ursache jedoch nicht darin, daß die Autoren eine bewußte Eingrenzung vorgenommen hätten, sondern vielmehr in den wirtschaftlichen Verhältnissen ihrer Zeit. Die Lehre vom geteilten Eigentum wurde, wie bereits aufgezeigt, hauptsächlich im deutschrechtlich ausgerichteten Schrifttum entwickelt und vertreten. Der deutschrechtliche Eigentumsbegriff war jedoch ein konkreter, der sich stark an den tatsächlichen Lebensverhältnissen orientierte. Zur Zeit der Verbreitung der Lehre von geteilten Eigentum kam es aufgrund der bestehenden wirtschaftlichen und sozialen Verhältnisse lediglich im Bereich des Immobiliarrechts zur Ausbildung eines zwischen Nutz- und Verfügungseigentümer geteilten Eigentums, während die wirtschaftlichen Bedingungen die Ausbildung fiduziarischer Sicherungsrechte zur Sicherung des Warenkreditverkehrs nicht erforderten.

Ferner ist zu berücksichtigen, daß das Problem des bedingten Eigentums von den Germanisten des 19. Jahrhunderts wohl auch deshalb nicht diskutiert worden ist, weil sich das Abstraktionsprinzip erst im Vorfeld des Bürgerlichen Gesetzbuches wirklich durchgesetzt hat.

Die ursprüngliche Beschränkung des geteilten Eigentums auf das Gebiet des Grundstücksrechts ist somit rein zufällig und kann deshalb nicht als konstitutives Merkmal des geteilten Eigentums herangezogen werden.

Ein Unterschied zwischen dem bedingten Sicherungseigentum sowie dem Eigentumsvorbehalt einerseits und den alten Fällen des geteilten Eigentums, die sich ausschließlich auf das Immobiliarrecht bezogen, andererseits, liegt aber darin, daß beim Sicherungseigentum und beim Eigentumsvorbehalt die beiden Teilrechtspositionen regelmäßig nicht auf unabsehbar lange Zeit, über einen oder mehrere Erbfälle hinweg, auseinanderfallen. In der überwiegenden Mehrzahl der Fälle wird der Bedingungseintritt, d.h. die vollständige Bezahlung des Kaufpreises bzw. die Befriedigung des durch die Sicherungsübereignung gesicherten Anspruchs, innerhalb relativ kurzer Zeit herbeigeführt werden, so daß Verfügungs- und Nutzungsrecht wieder in einer Hand liegen.

Diese zeitliche Beschränkung der Aufspaltung der Eigentümerbefugnisse wird auch von den Autoren erkannt, welche die fiduziarischen Sicherungsrechte als eine Erscheinungsform des geteilten Eigentums im gegenwärtigen Recht betrachten, ohne sie jedoch als Problem zu diskutieren[123]. Raiser hält, wie bereits angesprochen, die Annahme eines zwischen Verkäufer und anwartschaftsberechtigtem Käufer geteilten Eigentums sogar gerade wegen der zeitlichen Begrenzung des Nebeneinanders der Teilrechte mit dem geltenden Recht für vereinbar. Der Grund für die fehlende Erörterung dieses Gesichtspunktes dürfte in erster Linie wohl darin liegen, daß bei der aktuellen Diskussion des geteilten Eigentums die faktische Beherrschung und Nutzung einer Sache als allein maßgebliches Kriterium in den Vordergrund gestellt wird[124].

Trotz der kurzen faktischen Dauer des Auseinanderfallens der Teilrechte gehen die Rechtspositionen des Sicherungsgebers bei der bedingten Sicherungsübereignung und des Vorbehaltskäufers im Hinblick auf das von uns als wesentlich erkannte Kriterium der dauerhaften Verselbständigung der Nutzungsbefugnis in einem entscheidenden Punkt über den Nießbrauch als das umfassendste beschränkt dingliche Nutzungsrecht des Bürgerlichen Gesetzbuches hinaus. Im Gegensatz zum Nießbrauch, der nach der unabdingbaren[125] Regelung des § 1061 BGB stets mit dem Tod des Berechtigten kraft Gesetzes erlischt, ist das Anwartschaftsrecht

---

[123]Vgl. Strauch, S. 289; Raiser, S. 66

[124]Die einseitige Betonung dieses Einteilungsgesichtspunktes verdeutlichen etwa die Ausführungen Strauchs zur Bedeutung des geteilten Eigentums im gegenwärtigen Recht

[125]Palandt/Bassenge, § 1061 Rz. 1

sowohl des Vorbehaltskäufers als auch das des bedingten Sicherungsgebers vererblich[126].

Mit der ausdrücklichen Anerkennung des Vorbehaltseigentums durch § 455 BGB und der Anerkennung des Sicherungseigentums durch die Rechtsprechung und die ganz einhellige Auffassung im Schrifttum haben sich somit in der Rechtswirklichkeit entgegen dem erklärten Willen des Gesetzgebers[127] vererbliche und veräußerliche dingliche Nutzungsrechte an einer Sache herausgebildet. Aufgrund der Pluralität von Nutzungs- und Verfügungsrecht sowie der grundsätzlichen Vererblichkeit des Nutzungsrechts ist es gerechtfertigt, in diesen Fällen von einer Eigentumsteilung zu sprechen.

4. Wohnraummiete

a) Die Verdinglichung obligatorischer Rechte

Die Miete ist jedenfalls nach der Vorstellung der Verfasser des Bürgerlichen Gesetzbuches als obligatorisches Rechtsverhältnis gewollt, was bereits durch ihre Stellung im Zweiten Buch, im Recht der Schuldverhältnisse, deutlich wird. Neben der Gesetzessystematik zeigt aber auch ihre fehlende Grundbuchfähigkeit und -bedürftigkeit den nach dem Willen der Gesetzesverfasser schuldrechtlichen Charakter der Miete. Wegen der mangelnden Eintragungsfähigkeit im Grundbuch ist auch ein gutgläubiger Erwerb des Mietrechts vom Nichtberechtigten ausgeschlossen. Durch den Mietvertrag wird der Mieter folglich nur schuldrechtlich seinem Vermieter gegenüber zum Gebrauch und zum Besitz der vermieteten Sache berechtigt. Dagegen erhält der Mieter durch den Abschluß des Mietvertrages kein gegenüber jedermann wirkendes absolutes Recht an dem Mietobjekt. Der Mietvertrag als solcher entwickelt also keine Außenwirkung gegenüber Dritten.

In Anbetracht dieser eindeutig schuldrechtlichen Ausgestaltung der Miete durch die Verfasser des Bürgerlichen Gesetzbuches wird nach herrschender Lehre[128] die

---

[126]Palandt/Heinrichs, vor § 158 Rz. 8

[127]Motive III, S. 262

[128]Erman/Jendrek, vor § 535 Rz. 2; Staudinger/Emmerich, vor § 535 Rz. 36; RGRK/Gelhaar, vor § 535 Rz. 16 f.; MünchKomm/Voelskov, Einl. zu §§ 535-597 Rz. 7

früher vereinzelt vertretene Auffassung[129], zumindest das Mietrecht des Grundstücksmieters sei ein dingliches Recht, als nicht haltbar angesehen .
Auf den ersten Blick mag es daher verwundern, wieso dann die Wohnraummiete mit einem sachenrechtlichen Institut wie dem geteilten Eigentum in Zusammenhang gebracht wird. Die Berechtigung hierfür liegt in einer Erscheinung, die man schlagwortartig als "Verdinglichung obligatorischer Rechte"[130] umschreiben kann. Trotz der grundsätzlich schuldrechtlichen Einordnung der Miete durch das Gesetz stellt sich somit die Frage, ob nicht die obligatorische Stellung des Wohnungsmieters im Laufe der Zeit durch Gesetzgebung und Rechtsprechung eine solche Verstärkung erfahren hat, daß man von einer "Verdinglichung" des Mietrechts sprechen kann.
Das dingliche Recht wird im allgemeinen als ein absolutes Herrschaftsrecht an einer Sache definiert[131]. Hauptmerkmale des dinglichen Rechts sind somit zum einen die Unmittelbarkeit der Gegenstandsbeziehung und zum anderen die Absolutheit der Zuordnung.
Die Absolutheit zeigt sich vor allem in einem umfassenden Klageschutz gegenüber jedermann. Der dinglich Berechtigte hat regelmäßig einen Herausgabeanspruch, einen Beseitigungs- und Unterlassungsanspruch sowie einen deliktischen Anspruch[132]. Dieser dingliche Schutz wird bei den beschränkt dinglichen Rechten noch dadurch verstärkt, daß sie bei Veräußerung des Eigentums auch gegenüber dem neuen Eigentümer wirken (sog. Sukzessionsschutz)[133].

b) Regelungen des Bürgerlichen Gesetzbuches mit mieterschützender Bedeutung

In welchem Maße die Stellung des Wohnraummieters solche dinglichen Wesenszüge aufweist, soll im folgenden untersucht werden.
Dem Mieter stehen, sobald ihm der Besitz an dem Mietobjekt überlassen ist, die Besitzschutzrechte der §§ 859 ff. BGB gegen verbotene Eigenmacht (§ 858 BGB) in Form eines Selbsthilferechts (§ 859 BGB) sowie in Form von Besitzschutzansprüchen (§§ 861, 862 BGB) zu. Die im Wege der Klage geltend zu machenden

---

[129] Cosack/Mitteis, S. 390; Löning, S.314 ff. ; Wieacker, S. 261

[130] Vgl. ausführlich hierzu: Dulckeit; Weitnauer, S. 705 ff.; Canaris, S. 371ff.

[131] Vgl. hierzu Palandt/Bassenge, vor § 854 Rz. 3

[132] Westermann, S. 8 f.

[133] Canaris, S. 373

Besitzschutzansprüche, die sich aus dem Besitz als solchem ableiten[134], geben dem Mieter bei jeder vom Gesetz nicht ausdrücklich gestatteten Besitzentziehung oder Besitzstörung einen Wiedereinräumungsanspruch bzw. einen Beseitungs- und Unterlassungsanspruch. Diese possessorischen Ansprüche sowie sein Selbsthilferecht stehen dem Mieter auch gegenüber seinem Vermieter zu[135], z.B. wenn dieser versucht, unbefugt in die vermieteten Räume einzudringen. Selbst der Mieter, der nach Beendigung des Mietvertrages in der Wohnung bleibt, kann gegen den Vermieter, wenn dieser den Besitz stört oder entzieht, die Besitzschutzansprüche geltend machen[136].

Dem Mieter stehen also als Besitzer der Vindikation (§ 985 BGB) und dem negatorischen Anspruch aus § 1004 BGB vergleichbare Ansprüche zu.

Freilich bleiben die possessorischen Ansprüche dabei hinter denen des Eigentümers zurück. Der Anspruch auf Wiedereinräumung des Besitzes richtet sich nur gegen denjenigen, der den Besitz durch verbotene Eigenmacht erlangt hat, während die rei vindicatio gegen jeden unrechtmäßigen Besitzer gerichtet ist. Außerdem sind die Besitzschutzansprüche nur von vorläufiger Wirkung und unterliegen der kurzen Ausschlußfrist des § 864 BGB. Trotz dieser Beschränkungen ist aber nicht zu verkennen, daß der Besitzschutz die Rechtsstellung des Mieters beträchtlich verstärkt. Der Mieter, der vor der Einräumung des Besitzes lediglich einen schuldrechtlichen Anspruch gegen den Vermieter auf Überlassung der Mietsache hat, kann nach Besitzeinräumung die Beachtung seines Besitzes von jedermann verlangen.

Der Besitzschutz führt somit bereits zu einer gewissen Verdinglichung der Rechtsstellung des Mieters[137].

Dem Mieter, dem der Besitz an der vermieteten Sache bereits eingeräumt ist, steht außerdem bei rechtswidriger und schuldhafter Beschädigung der vermieteten Sache oder bei einer sonstigen Beeinträchtigung seines Gebrauchs der Sache ein Schadensersatzanspruch aus § 823 I BGB zu[138].

Die überwiegende Meinung schützt ihn dabei nicht als Mieter, sondern unabhängig

---

[134]Palandt/Bassenge, § 861 Rz. 1

[135]Palandt/Bassenge, § 861 Rz. 1

[136]OLG Düsseldorf BB 1991, 721

[137]Dulckeit, S. 12

[138]Ganz herrschende Meinung, vgl. etwa Dulckeit, S. 15; Larenz II 1, § 48 IV, S. 240

von seinem Mietrecht als Besitzer, da der Besitz schlechthin ein "sonstiges Recht" i.S.d. § 823 I BGB sei[139]. Ein Blick auf die §§ 858-864 BGB zeige, daß auch der Besitz "als solcher" , d.h. ohne Rücksicht darauf, ob der Besitzer auch ein Besitzrecht hat, den Schutz der Rechtsordnung genieße.
Dieser Begründung steht jedoch entgegen, daß der Besitz in gewissen Formen tatsächlicher Sachherrschaft besteht. Wie soll aber die bloße physische Sachherrschaft, die nichts über die Berechtigung zu dieser Herrschaft aussagt, als ein Recht geschützt sein? Auch der Umfang des Schadensersatzanspruchs läßt sich ohne Rückgriff auf die hinter dem Besitz stehende Befugnis nicht sinnvoll ermitteln. Vorzuziehen ist daher die Lehre, die im Anschluß an die ältere Rechtsprechung des Reichsgerichts[140], die nicht dem Besitzer als solchem, sondern dem Mieter und Pächter nach Besitzüberlassung einen Anspruch gab, das Recht des Mieters zum Besitz als "sonstiges Recht" i.S.d. § 823 I BGB ansieht[141].
Während der Mieter, solange der bloße Mietvertrag mit der Verpflichtung zur Besitzüberlassung besteht, noch nicht durch § 823 I BGB geschützt wird, erhält er also in dem Augenblick, in dem er den Besitz an der Sache erlangt, eine als "absolut" anerkannte Position, nämlich den berechtigten Besitz, der den deliktischen Schutz des § 823 I BGB genießt. Der deliktische Schutz des Mietbesitzes ist folglich, anders als der Besitzschutz der §§ 859 ff. BGB, eine gerade auf das Mietrecht als solches zurückzuführende dingliche Wirkung.
Von herausragender Bedeutung für den Mieter ist die Frage, ob im Falle der Veräußerung des Mietobjekts durch den Vermieter an einen Dritten, sein Recht zum Besitz auch gegenüber diesem besteht oder ob der Erwerber als neuer Eigentümer die Herausgabe der Sache an sich verlangen kann. Im letzten Falle wäre die Rechtsstellung des Mieters eine äußerst schwache, da er ständig damit rechnen müßte, seinen Besitz an einen neuen Eigentümer zu verlieren. Wegen der Ausgestaltung der Miete durch das Bürgerliche Gesetzbuch als obligatorisches Recht hat der Mieter grundsätzlich kein gegenüber jedermann wirkendes Besitzrecht. Die Konsequenz müßte an sich sein, daß er bei jeder Veräußerung der Mietsache sein Besitzrecht gegenüber dem Erwerber einbüßt ("Kauf bricht Miete").

---

[139]RGZ 91, 66; 170; Enneccerus/Lehmann, S. 943

[140]RGZ 59, 326,328

[141]Dulckeit, S. 15 ff.; Löning, S. 154; Larenz II 1, § 48 IV, S. 241; Palandt/Thomas, § 823 Rz. 13, Erman/Schiemann, § 823 Rz. 43

Dies war in der Tat die Lösung des im 19. Jahrhundert in Deutschland geltenden gemeinen Rechts gewesen, der sich auch die Redaktoren zum ersten Entwurf des Bürgerlichen Gesetzbuches angeschlossen hatten[142]. Die in der Öffentlichkeit geübte heftige Kritik[143] an dieser Lösung veranlaßte die zweite Kommission, von ihr zugunsten einer den Mieter schützenden Regelung abzuweichen.

Das Gesetz bestimmt gem. § 571 BGB für die Grundstücks- und die Raummiete (§ 580 BGB), daß der Erwerber des Grundstücks kraft Gesetzes und zwar kraft eigenen Rechts als Eigentümer, nicht etwa als Rechtsnachfolger des Vermieters[144], an Stelle des Vermieters in alle sich aus dem Mietverhältnis zwischen dem Veräußerer und dem Mieter ergebenden Rechte und Pflichten eintritt. Das Gesetz beschränkt sich also nicht wie bei beweglichen Sachen in § 986 II BGB darauf, daß der Mieter sein Recht zum Besitz auch gegenüber dem neuen Eigentümer geltend machen kann, sondern es ordnet einen gesetzlichen Übergang des kompletten Mietverhältnisses auf den Erwerber an. Voraussetzung des Eintritts des Erwerbers in den Mietvertrag ist, daß der Vermieter zugleich Grundstückseigentümer ist und daß dem Mieter das Grundstück bzw. die Wohnung bereits übergeben ist. Liegen diese Voraussetzungen vor, muß der Erwerber ohne Rücksicht darauf, ob ihm das Mietverhältnis bekannt war, das Besitzrecht des Mieters gegen sich gelten lassen wie ein dingliches Recht. Die Stellung des Mieters wird zusätzlich dadurch gestärkt, daß mangels Grundbuchfähigkeit der Miete ein gutgläubiger lastenfreier Erwerb ausgeschlossen wird. Gewarnt wird der Erwerber nur durch die Besitzverhältnisse, da das Mietobjekt ja schon übergeben worden sein muß.

Der BGH stellt den Mieter darüber hinaus noch in einem weiteren Punkt besser als den Inhaber eines dinglichen Rechts. Der Erwerber muß nach der Rechtsprechung des BGH eine Vermietung durch den Veräußerer selbst dann gegen sich gelten lassen, wenn der Abschluß des Mietvertrags erst nach Eintragung einer Vormerkung zugunsten des Auflassungsanspruchs des Erwerbers erfolgt. § 883 II BGB greife nicht ein, da die Vermietung und die Einräumung des Besitzes keine Verfügungen über das Grundstück seien[145].

---

[142]Motive II, S. 383 ff.

[143]Vgl. etwa Gierke, Entwurf, S. 74

[144]BGH NJW 1962, 1390

[145]BGHZ 13, 1 ; BGH NJW 1989, 451; ebenso Baur, § 20 IV 1 d), S. 183; Otte, S. 473 aA die hM: Palandt/Bassenge, § 883 Rz. 21; MünchKomm/Wacke, § 883 Rz. 42; Erman/Hagen,

In Ergänzung zu § 571 BGB wird der Mieter unter denselben Voraussetzungen gegen die nachträgliche Bestellung von gebrauchsentziehenden bzw. -beschränkenden Rechten durch § 577 BGB geschützt. Verschiedentlich wird hervorgehoben, daß in dieser Norm der dingliche Charakter des Mietrechts besonders deutlich zum Ausdruck komme, da sich die aus § 577 S. 2 BGB ergebende Unterlassungspflicht bei einer Beschränkung des Gebrauchsrechts dogmatisch nur auf ein der Miete zu Grunde liegendes dingliches Recht stützen lasse[146].

Durch den in § 571 BGB zum Ausdruck kommenden Grundsatz "Kauf bricht nicht Miete" oder positiv formuliert "Heuer geht vor Kauf" gewährt das Gesetz dem Mieter im Falle einer Veräußerung des vermieteten Grundstücks bzw. der vermieteten Wohnung einen umfassenden Sukzessionsschutz, sobald das Mietobjekt dem Mieter überlassen worden ist.

Der Erwerber in der Zwangsvollstreckung tritt zwar nach § 57 ZVG wie der rechtsgeschäftliche Erwerber bzw. ein Sonderrechtsnachfolger ebenfalls in den bestehenden Mietvertrag ein. Er kann jedoch nach § 57 a ZVG dem Mieter unter Einhaltung der gesetzlichen Kündigungsfrist zum ersten zulässigen Termin kündigen. Gegenüber dem Erwerber in der Zwangsversteigerung ist der Schutz des Mieters zugunsten des Anreizes zum Bieten also erheblich eingeschränkt. Im Konkurs des Vermieters gilt sowohl gegenüber dem Konkursverwalter (§ 21 I-III KO) als auch gegenüber demjenigen, der das Mietobjekt vom Konkursverwalter erworben hat (§ 21 IV KO) eine den § 571 BGB, § 57 ZVG entsprechende Regelung.

Während § 571 BGB den Wechsel auf seiten des Vermieters regelt, sieht § 569 a BGB eine Vertragsübernahme auf seiten des Mieters vor.

§ 569 a BGB bezweckt bei Mietverhältnissen über Wohnraum den Bestandsschutz des Mietverhältnisses bei Tod des Mieters zugunsten dessen Ehegatten bzw. dessen sonstigen Familienangehörigen. Der überlebende Ehegatte (§ 569 a I 1 BGB) bzw. die Familienangehörigen (§ 569 a II 1 BGB) des Mieters treten mit dessen Tod kraft Gesetzes in vollem Umfang in das mit dem Mieter bestehende Mietverhältnis ein. Der Eintritt in das Mietverhältnis vollzieht sich aufgrund einer Sonderrechtsnachfolge, die völlig unabhängig ist von der jeweiligen Erbfolge. Möchten der Ehegatte oder die Familienangehörigen das Mietverhältnis nicht fortsetzen, steht ihnen ein Ablehnungsrecht zu, das binnen eines Monats ab Kenntnis vom Tod des

---

§ 883 Rz. 20; Schwab/Prütting, S. 83

[146]Dulckeit, S. 22 f.; Löning, S. 182

Mieters auszuüben ist. § 569 a BGB löst das Mietverhältnis über Wohnraum folglich von der zunächst nur zwischen Vermieter und Mieter bestehenden obligatorischen Bindung, indem er das Mietrecht auf Dritte übergehen läßt.

Der Mieter von Wohnraum genießt darüber hinaus den auf dem Gedanke des sozialen Mietrechts beruhenden gesetzlichen Kündigungsschutz. Mietverhältnisse sind Dauerschuldverhältnisse, die sich nicht durch beiderseitige Erfüllung von selbst erledigen, sondern zu ihrer Beendigung, falls kein fester Endtermin vereinbart ist, einer Kündigung bedürfen. Bei der Kündigung ist zwischen der ordentlichen und der außerordentlichen Kündigung zu unterscheiden.

Nach der ursprünglichen Fassung des Bürgerlichen Gesetzbuches konnten beide Parteien das Mietverhältnis uneingeschränkt durch eine ordentliche Kündigung beendigen. Seit der Einfügung des § 564 b BGB im Jahre 1974 kann der Vermieter im Gegensatz zum Mieter bei Wohnraummietverträgen nur noch dann kündigen, wenn er ein berechtigtes Interesse an der Kündigung des Mietverhältnisses hat. Dies ist nach § 564 b II BGB insbesondere dann anzunehmen, wenn der Mieter eine erhebliche schuldhafte Vertragsverletzung begeht, wenn ein Eigenbedarf des Vermieters besteht oder wenn eine angemessene wirtschaftliche Verwertung nur durch Aufhebung des Mietvertrages möglich ist[147].

Unabhängig vom Erfordernis des berechtigten Interesses kann der Mieter nach der zwingenden Sozialklausel des § 556 a BGB in besonderen Härtefällen der Kündigung widersprechen und vom Vermieter die Fortsetzung des Mietvertrages verlangen.

Damit der Mieter die aufgeführten Rechte auch tatsächlich geltend machen kann, muß die Kündigung in Schriftform erfolgen, eine Begründung enthalten und auf die Widerspruchsmöglichkeit gem. § 556 a BGB hinweisen (§§ 564 a, 564 b IV BGB). Zusätzlichen Bestandsschutz erhält der Mieter durch die in § 565 II BGB geregelte Verlängerung der Kündigungsfristen bei länger bestehenden Mietverhältnissen über Wohnraum[148].

Eine fristlose außerordentliche Kündigung eines Wohnraummietverhältnisses ist

---

[147]Die Vorschrift des § 564 b II BGB enthält keine abschließende Aufzählung. Dies ergibt sich aus der Formulierung "insbesondere". Das Kündigungsinteresse des Vermieters kann sich daher auch aus anderen Gründen rechtfertigen, soweit diese ähnliches Gewicht haben, wie die im Gesetz ausdrücklich aufgezählten Fälle.

[148]Die Kündigungsfrist gilt auch für die Kündigungsfrist des Mieters; insoweit enthält § 565 II BGB aber keine zwingende Regelung

nach § 554 b BGB ohnehin nur in den vom Gesetz ausdrücklich zugelassenen Fällen möglich[149].

Im Vollstreckungsverfahren schließlich wird der Mieter durch den von Amts wegen zu beachtenden § 721 ZPO sowie durch § 794 a ZPO geschützt, nach denen Räumungsfristen gewährt werden können[150].

Zusammenfassend läßt sich festhalten, daß die Rechtsstellung des Mieters ab dem Zeitpunkt der Übergabe des Mietobjekts in mehrfacher Hinsicht dingliche Eigenschaften aufweist:

Der Mieter hat durch die §§ 861, 862 BGB gegenüber jedem beliebigen Dritten einen Herausgabeanspruch sowie einen Unterlassungs- und Beseitigungsanspruch. Daneben steht der Deliktsschutz aus § 823 I BGB. Ergänzt wird dieser umfassende Klageschutz gegenüber Dritten durch § 571 BGB, § 57 ZVG sowie § 21 KO, nach denen der Erwerber eines vermieteten und dem Mieter überlassenen Grundstücks in den Mietvertrag eintritt. Der Mieter genießt damit sowohl einen absoluten Klageschutz als auch Sukzessionsschutz gegenüber einem Erwerber.

Umfassender Klageschutz gegenüber Dritten und Sukzessionsschutz sind, wie oben dargestellt, die charakteristischen Wirkungen der Absolutheit, die ihrerseits das maßgebliche Kriterium der Dinglichkeit darstellt. Mit der Übergabe der Mietsache werden dem seiner Grundstruktur nach obligatorischen Mietverhältnis also wesentliche Kriterien und Wirkungen der Dinglichkeit zuerkannt, so daß es sich von seiner obligatorischen Bindung löst und im Vergleich zu anderen schuldrechtlichen Positionen eine erhebliche Festigung erfährt. Bereits das Reichsgericht hat diese Rechtslage folgendermaßen charakterisiert[151]: "Mit der Übergabe der Mietsache entwächst das Recht des Mieters dem reinen Obligationenrechte. Es bestehen nicht mehr bloß zwischen den obligatorisch Verbundenen Rechte und Pflichten, sondern jedermann hat das durch den Besitz erkennbare Mietrecht zu achten."

---

[149]§§ 553, 554, 554 a, 565 c, 565 e BGB, 19 KO, 57 a ZVG

[150]Löning, S. 150 ff., will neben den aufgezeigten Normen auch aus den §§ 541, 538 II BGB eine dingliche Wirkung ableiten. Unter Hinweis auf den Umfang des Selbsthilferechts sieht er in der Befugnis des Mieters zur Selbsthilfe beim Vorhandensein eines Rechtsmangels, wenn der Vermieter mit seiner Beseitigungspflicht in Verzug gerät, eine Ergänzung und Erweiterung des Besitzschutzes gegenüber dem Dritten. Dulckeit, S. 23 Fn. 21, weist insoweit aber zutreffend darauf hin, daß der Vermieter selbst ausschließlich auf den Freikauf des Rechts und somit letztlich auf den guten Willen des Dritten angewiesen sei, und daß das Selbsthilferecht des Mieters selbstverständlich nicht weiter reichen könne, als die Befugnis des Vermieters.

[151]RGZ 59, 326, 328

c) Die Diskussion um die Dinglichkeit der Miete in der Literatur

Das Problem der Dinglichkeit der Grundstücks- und Wohnraummiete bildet auch den Gegenstand eines Meinungsstreits in der Literatur[152], der zunächst vor allem mit den Namen Crome und Cosack verbunden war.
Die Diskussion über die Dinglichkeitsnatur der Miete endete aber auch nicht mit dem Inkrafttreten des Bürgerlichen Gesetzbuches, das sich für eine Zuordnung der Miete zum Schuldrecht entschieden hatte. Die Erörterungen über die rechtsdogmatische Einordnung der Grundstücksmiete knüpfte insbesondere an den Regelungskomplex der §§ 571 ff. BGB an. Eine erneute Belebung erhielt die Diskussion durch die Mieterschutzgesetzgebung, deren Ursprung in den Nöten und Folgen des Ersten Weltkrieges lag. Von den Autoren, die schon zuvor für ein dingliches Mietrecht eingetreten waren, wurden insbesondere das Mieterschutzgesetz vom 1. Juni 1923 (MSchG)[153] sowie das Reichsmietengesetz vom 24. März 1922 (RMietG)[154] zur Stützung ihrer Auffassung gegen die herrschende Meinung herangezogen.
Die herrschende Meinung in Praxis und Theorie lehnte auch im Hinblick auf die neue Mieterschutzgesetzgebung weiterhin die Einordnung der Grundstücksmiete als dingliches Recht ab und behandelte sie als rein obligatorisches Rechtsverhältnis, das nur unter den Voraussetzungen des § 571 BGB ausnahmsweise gegenüber einem Dritten Wirkung entfalte[155].
Im Anschluß an den Aufsatz "Die juristische Natur der Miete nach dem BGB" von Carl Crome aus dem Jahr 1897[156] führte sie gegen die Dinglichkeit der Miete vor allem die mangelnde Grundbuchfähigkeit, das Fehlen der petitorischen Klage gegen Dritteingriffe, das Kündigungsrecht des Grundstückserstehers in der Zwangsvollstreckung sowie die Systematik des Bürgerlichen Gesetzbuches an. Als weitere Argumente für einen rein schuldrechtlichen Charakter der Miete wurden der numerus clausus der Sachenrechte sowie die Gesetzesmaterialien genannt[157].

---

[152]Vgl. hierzu auch Wolter, S. 391 ff.

[153]RGBl I, S. 353

[154]RGBl, S. 273

[155]J.v. Gierke, S. 2; Planck zu § 571 Anm. 5 a); Enneccerus/Lehmann, S. 538 m.w.N.

[156]Crome, S. 1 ff.

[157]Eine zusammenfassende Darstellung des Meinungsstandes sowie der Hauptargumente der herrschenden Meinung findet sich bei Enneccerus/Lehmann, S. 538 Fn. 1

Zu den eifrigsten Vertretern der Lehre von der Dinglichkeit der Grundstücksmiete gehörte Konrad Cosack.
Die dingliche Natur der Grundstücksmiete begründete er hauptsächlich mit der Vorschrift des § 571 BGB sowie damit, daß er dem Mieter eine petitorische Klage gegen Drittstörungen zubilligte. Den petitorischen Klageschutz entnahm er einem Erst-recht-Schluß zu § 571 BGB: Wenn der Mieter gegen Störungen eines Rechtsinhabers vorgehen könne, müsse er um so mehr gegen Störungen durch unbefugte Dritte geschützt sein[158]. Zur Unterstützung seiner Auffassung zog er die in § 31 II MschG enthaltene absolute Herausgabeklage des Mieters gegen den Schwarzmieter, der den Anschluß des Mietvertrages nicht der zuständigen Behörde angezeigt hat, heran[159].
Für das vorliegende Thema weitaus interessanter als die Konstruktion von Cosack sind die Ausführungen von Justus Wilhelm Hedemann zur Miete im sachenrechtlichen Teil der ersten Auflage seines 1924 erschienenen Werks "Grundrisse der Rechtswissenschaft".
Hedemann hält die Systematik des Bürgerlichen Gesetzbuches, welche die Miete in das Schuldrecht verwiesen hat, für kaum noch haltbar, da die Miete bereits nach dem Bürgerlichen Gesetzbuch selbst beachtliche dingliche Züge aufweise[160]. Er nennt in diesem Zusammenhang die Besitzschutzklagen der §§ 861, 862 BGB sowie die Ausschaltung des Satzes "Kauf bricht Miete" durch § 571 BGB[161].
Eine erhebliche Verstärkung dieser dinglichen Struktur ist nach Hedemann durch das Mieterschutzgesetz vom 1. Juni 1923 eingetreten[162].
Der besondere Mieterschutz nach dem Mieterschutzgesetz war hauptsächlich dadurch gekennzeichnet, daß Mietverhältnisse über Gebäude und Gebäudeteile auf Verlangen des Vermieters gegen den Willen des Mieters nur im Wege der Klage vor den Amtsgerichten und nur aus den in §§ 2 - 4 MschG enumerativ aufgeführten Gründen aufgehoben werden konnten. Die gesetzlichen Gründe der Mietaufhebungsklage waren die erhebliche Belästigung des Vermieters oder eines Hausbe-

---

[158]Cosack/Mitteis, S. 390 ff.

[159]Cosack/Mitteis, S. 391; gegen diese Auffassung: Löning, S. 150; Enneccerus/Lehmann, S. 538 Fn. 1

[160]Hedemann, S. 326 f.

[161]Hedemann, S. 327

[162]Hedemann, S. 327

wohners, erheblich unangemessener Gebrauch, unbefugte Gebrauchsüberlassung der Mietsache an Dritte, erheblicher Mietrückstand sowie Eigenbedarf des Vermieters[163].

Nach Hedemann hat der Mieter durch die Einführung dieser an bestimmte Tatbestände geknüpften Aufhebungsklage "ein nahezu unerschütterliches Mietrecht" erhalten, womit der Rahmen eines rein schuldrechtlichen Verhältnisses endgültig verlassen worden sei[164]. Entsprechend dieser verstärkten Stellung habe das Reichsmietengesetz dem Mieter die öffentlichen Abgaben sowie die Instandhaltungskosten auferlegt. Diese Ausgestaltung der Lastenverteilung sei aber gerade ein weiteres Zeichen der Dinglichkeit, wie ein Vergleich mit der gesetzlichen Regelung beim Nießbrauch in den §§ 1041, 1045 und 1047 BGB zeige[165].

Hedemann begnügt sich jedoch nicht damit, die dingliche Natur der Miete festzustellen, sondern er mißt dem Mieter unter Hinweis auf § 19 MschG eine dingliche Stellung zu, die über die des Nießbrauchs als dem umfassendsten beschränkten dinglichen Recht des Bürgerlichen Gesetzbuches hinausgeht.

§ 19 MschG enthielt für den Fall des Todes des Mieters eine von § 569 BGB abweichende Regelung. Hervorzuheben ist vor allem, daß die Familienangehörigen des Mieters, wenn sie beim Todesfall zum Hausstand des Mieters gehörten , unabhängig von der Erbfolge aufgrund einer gesetzlichen Sondernachfolge in die Rechte und Pflichten des Mieters eintraten und den vollen Mieterschutz genossen [166].

Hedemann betont, daß das Mietrecht somit im Gegensatz zum Nießbrauch eine Fortsetzung über den Tod des Berechtigten hinaus kenne, was zu Recht als "Mieterfideikommiß" bezeichnet worden sei[167].

Der gesetzliche Bestandsschutz gegenüber dem Vermieter durch die eingeschränkten Beendigungsmöglichkeiten sowie die Möglichkeit der Fortsetzung des Mietverhältnisses über den Tod hinaus sind für Hedemann also die bestimmenden Faktoren, um dem Mieter eine gefestigte dingliche Rechtsposition zuzusprechen.

---

[163]Ausführlich zu den einzelnen Aufhebungsgründen: Löning, S. 202 ff.

[164]Hedemann, S. 327

[165]Hedemann, S. 327

[166]Ausführlich zu dem mit § 19 MschG zusammenhängenden Fragekomplex: Löning, S. 222 ff.

[167]Hedemann, S. 327

Entscheidendes Kriterium für die Klassifizierung der Wohnraummiete als dingliches Recht ist Hedemann zufolge die durch den Bestandsschutz erreichte Dauerhaftigkeit der Grundstücksmiete.

Die wirtschaftliche Bedeutung, die Hedemann der Miete zumißt[168], der Umfang der dem Mieter beigelegten Rechte sowie seine Betonung der Dauerhaftigkeit zur Abgrenzung gegenüber dem Nießbrauch zeigen, daß Hedemann die dinglichen Stellung des Grundstücksmieters, auch wenn er den Ausdruck expressis verbis nicht benutzt, letztlich als Nutzeigentum sieht. Hierauf deutet auch die Bezeichnung als "unerschütterliches Insitzrecht" und "Mieterfideikommiß" hin[169].

Der von Hedemann hervorgehobene Gesichtspunkt der Dauer der Miete wird von George A. Löning, einem Schüler Hedemanns, in seiner 1930 erschienen Habilitationsschrift "Die Grundstücksmiete als dingliches Recht" aufgegriffen. Anknüpfend an die Interessentheorie Philipp Hecks grenzt Löning das Schuldrecht vom Sachenrecht nach der Interessenlage ab. Die Grenze zieht er dabei so, daß die Rechtsinstitute des Schuldrechts Veränderungsinteressen und diejenigen des Sachenrechts Erhaltungsinteressen verwirklichen[170]. Die Miete sieht er dabei als Grenzfall an[171]. Für das dingliche Interesse als einen Unterfall des des Erhaltungsinteresses[172] sind nach Löning folgende Merkmale maßgeblich: Richtung auf Dauer[173], Absolutheit[174], unmittelbare Sachbeherrschung[175] und die Instandhaltungspflicht des Nutzungsberechtigten[176]. Anhand dieses theoretischen Gerüsts unter-

---

[168]Hedemann, S. 326: "Pacht und Miete in ihrer unendlichen Häufigkeit und volkswirtschaftliche Bedeutung schlagen alle anderen, neben das Eigentum tretenden 'Bodenlasten' oder 'Bodenberechtigungen' aus dem Felde".

[169]Zurückhaltender äußert sich Hedemann allerdings in der 2. Auflage aus dem Jahr 1950. Er schreibt dort lediglich: "Mietrecht und Pachtrecht bekommen durch den stark entwickelten Mieterschutz und Pächterschutz einen über bloße schuldrechtliche Bindungen hinausgehenden Charakter", Hedemann, 2. Auflage, S. 265.

[170]Löning, S. 7

[171]Löning, S. 6 und S. 8 ff.

[172]Löning, S. 11

[173]Löning, S. 22 ff.

[174]Löning, S. 47 ff.

[175]Löning, S. 60 ff.

[176]Löning, S.70 ff.

sucht Löning das Mietrecht des Bürgerlichen Gesetzbuches in dessen Fassung aus dem Jahr 1896 und gelangt dabei zu dem Ergebnis, daß diesem die wesentlichen Merkmale eines dinglichen Gebrauchsrechts fehlen[177]. Die mangelnde Richtung auf Dauer zeige sich bereits in der Formulierung "während der Mietzeit" in § 535 BGB sowie dem Kündigungssystem. Eine unmittelbare Sachherrschaft fehle, da der Gebrauch der gemieteten Sache nur mit Erlaubnis des Vermieters einem Dritten überlassen werden dürfe[178]. Die Lastenverteilung entspreche nicht der eines dinglichen Rechts, da dem Mieter nicht die Instandhaltungspflicht obliege[179] und mangels einer petitorischen Klage des Mieters gegen Störungen durch Dritte sei auch das Kriterium der Absolutheit nicht erfüllt[180].

Durch die Änderungen, die das Mietrecht seit dem Jahr 1917 insbesondere durch die Mieterschutzgesetzgebung erfahren habe, sei die Miete aber immer mehr verdinglicht worden. Dies gelte vor allem für das Dinglichkeitskriterium der Richtung auf Dauer, das zum einen durch den Abbau der Kündigungsmöglichkeiten des Vermieters und zum anderen durch die Verlängerung bestehender Mietverhältnisse gestärkt worden sei[181]. Löning führt in diesem Zusammenhang wie vor ihm schon Hedemann die Einführung der auf bestimmte gesetzliche Aufhebungsgründe beschränken Aufhebungsklage sowie den Kündigungsschutz durch das Mieterschutzgesetz für mit dem Mieter in einem Hausstand lebenden Familienmitglieder bei dessen Tod an[182]. Aus dieser Entwicklung leitet Löning die These ab, daß "das Mietverhältnis über Räumlichkeiten, vornehmlich das über Wohnungen den Charakter eines Gebrauchsrechts 'auf Zeit' verloren habe"[183]. In Anlehnung an Hedemann bezeichnet dann auch er die Rechtsposition des Wohnraummieters als "Mieterfideikommiß"[184]. Die zeitliche Begrenzung der Gebrauchsüberlassung ist nach Löning also aufgehoben. Die Anerkennung eines unbefristeten Gebrauchsrechts des Mieters bedeutet in der Sache aber letztlich nichts anderes, als daß dem Mieter

---

[177]Löning, S. 150

[178]Löning, S. 150

[179]Löning, S. 148 f.

[180]Löning, S. 150

[181]Löning, S. 187

[182]Löning, S. 192 ff. und S. 222 ff.

[183]Löning, S. 315

[184]Löning, S. 223 Fn. 94

nach der Auffassung Lönings ein Nutzungseigentum an dem Mietobjekt zusteht[185]. Der von Hedemann und vor allem Löning in den Vordergrund gestellte Begriff der Dauer als Dinglichkeitsmerkmal der Miete wird von Gerhard Dulckeit kritisiert. Die Anerkennung der Dauer materieller Erhaltungsinteressen als Dinglichkeitsmerkmal sei ein Beispiel schlechter Begriffsjurisprudenz und führe zu einer bedenklichen Vermengung von Schuld- und Sachenrecht[186]. Dulckeit mißt in seiner Schrift "Die Verdinglichung obligatorischer Rechte" dem Besitz eine herausragende Bedeutung für die Verdinglichung schuldrechtlicher Positionen zu. Der Besitz mache jedes obligatorische Recht (zum Besitz) zu einem dinglichen Recht[187]. Für die Miete folgert Dulckeit hieraus, daß ihre "dogmatische wie praktisch gebotene Verdinglichung"[188] schon durch Anknüpfung an die Besitzüberlassung erreicht werden könne[189]. Die Überlassung des Mietobjekts wäre somit eine Verfügung, so daß u.a. die §§ 893, 2367 BGB Anwendungen finden würden, was zum Schutze des Mieters bei der herkömmlichen mehr oder weniger kurzfristigen Raum- und Wohnungsmiete genüge[190]. Die Einstufung der Miete als ein eher kurzfristig angelegtes Schuldverhältnis entspricht Dulckeits ablehnender Haltung gegenüber der Anerkennung von Erhaltungsinteressen als Ausdruck der Dinglichkeit der Miete. Dulckeit spricht sich dementsprechend auch ausdrücklich gegen ein "eigentumsähnliches Nutzungsrecht" des Mieters an der Wohnung, wie es von Hedemann und Löning gefordert wird, aus[191].

Die Diskussion um die Dinglichkeitsnatur der Wohnraummiete hatte sich also weitgehend auf das Problem der Dauerhaftigkeit zugespitzt. Es ging damit nicht mehr ausschließlich um die Frage, ob die Wohnungsmiete obligatorischer oder dinglicher Natur ist, sondern um die weitergehende Fragestellung, ob die Miete ein bestandsgeschütztes, zeitlich unbegrenztes Nutzungsrecht an der Wohnung gewährt.

Nach der Arbeit von Dulckeit spielte das Problem der Verdinglichung der Miete

---

[185]Vgl. zur Bedeutung der fehlenden zeitlichen Befristung Roellecke, NJW 1992, S. 1649

[186]Dulckeit, S. 7 Fn. 1

[187]Dulckeit, S. 14

[188]Dulckeit, S. 66

[189]Dulckeit, S. 67

[190]Dulckeit, S. 68

[191]Dulckeit, S. 68

allerdings in der wissenschaftlichen Auseinandersetzung keine große Rolle mehr. Soweit das Thema Verdinglichung der Wohnraummiete in neuerer Zeit überhaupt noch erörtert wurde, wird in Anlehnung an die Formulierung Dulckeits, wonach "das Problem der Verdinglichung obligatorischer Rechte auf die Frage hinausläuft, ob es im System des geltenden Vermögensrechts Forderungsrechte gibt, die zwar eindeutig als solche bestimmt sind, dennoch aber schon Züge eines dinglichen Rechts an sich tragen"[192], ganz überwiegend der schuldrechtliche Charakter der Wohnungsmiete anerkannt und lediglich auf einzelne dingliche Merkmale hingewiesen[193].

Relativ weitgehend in Richtung auf ein dingliches Nutzungsrecht äußert sich allerdings Manfred Wolf, der die Rechtsposition des Wohnungsmieters wegen der im Zusammenhang mit der Schaffung eines sozialen Mietrechts getroffenen Maßnahmen als der Stellung eines dinglich Berechtigten angenähert sieht.[194] Fritz Baur spricht dem Wohnungsmieter unter Hinweis auf den im Rahmen des "sozialen Mietrechts"[195] des Bürgerlichen Gesetzbuches gewährten Besitzschutz, Sukzessionsschutz sowie Kündigungsschutz sogar "eine Rechtsstellung, die der eines dinglich Wohnberechtigten mindestens gleichwertig ist" zu[196]. Der Schritt von dieser These zu einem Nutzungseigentum des Mieters ist nicht mehr weit. Nach der Auffassung von Heinrich Honsell ist dieser Schritt durch das soziale Mietrecht des Bürgerlichen Gesetzbuches bereits erfolgt. Das geltende Kündigungsschutzrecht des Bürgerlichen Gesetzbuches verfolge den Zweck, dem Mieter die gemietete Wohnung auf Dauer zu erhalten[197]. Durch das soziale Mietrecht sei die Wohnungsmiete somit in ein sozial motiviertes Dauerrecht umgestaltet worden, bei dem das Nutzungsrecht des Mieters oft stärker sei als die Rechtsstellung des Eigentümers[198]. Aus diesem in Richtung auf Dauer zielenden Besitzschutz folgert Honsell, daß "der

---

[192]Dulckeit, S. 10

[193]Vgl. etwa Larenz II 1, § 48 IV, S. 240 ff.; Otte, S. 474

[194]M. Wolf, S. 68

[195]Baur, AcP 176, S. 114 rechnet zum sozialen Mietrecht neben dem Kündigungsschutzrecht auch den Besitzschutz, den deliktischen Schutz durch § 823 BGB sowie § 571 BGB und §§ 569 a, 569 b BGB

[196]Baur, AcP 176, S. 116

[197]Honsell, AcP 186 , S. 160; ähnlich Lammel JZ 1986, S. 834

[198]Honsell, AcP 186, S. 161

Mieter heute eine quasi-dingliche Rechtsstellung hat, die in wirtschaftlicher Hinsicht einer Art Untereigentum gleichkommt"[199].
Wie Hedemann und Löning mißt also auch Honsell dem Merkmal der Richtung auf Dauer die entscheidende Rolle für die Anerkennung eines Untereigentums des Mieters bei. Freilich hält Honsell das geltende Mieterschutzrecht für überzogen. Die mit ihm verbundene erhebliche Einschränkung der Vertrags- und Eigentumsfreiheit des Vermieters lasse sich allein mit der existentiellen Bedeutung der Wohnung nicht begründen, solange der Wohnungsmarkt ausreichende Substitutionsmöglichkeiten biete[200].
Für das österreichische Recht führt Johannes W. Pichler die kündigungsgeschützte Miete als eine readaptierte Form der Doktrin vom geteilten Eigentum an[201], ohne jedoch nähere Ausführungen hierzu zu machen.

d) Die Ausgestaltung der Miete zu einem bestandsgeschützten, vererblichen Dauernutzungsrecht durch die höchstrichterliche Rechtsprechung

Während diese Stimmen in der Literatur Einzelerscheinungen sind, zeigen sich in der Rechtsprechung mehr oder weniger deutliche Tendenzen, die Rechtsposition des Wohnungsmieters auf Eigentumsniveau zu stellen.
Das BVerfG hat am 26.5.1993 einen Beschluß verkündet, dessen erster Leitsatz lautet: "Das Besitzrecht des Mieters an der gemieteten Wohnung ist Eigentum im Sinne von Art. 14 I 1 GG"[202]. Diese Entscheidung hat sowohl in der Öffentlichkeit als auch in der Fachliteratur ungewöhnliches Aufsehen erregt, da das BVerfG erstmals der Rechtsposition des Wohnungsmieters grundrechtlichen Eigentumsschutz zuerkannt hat. In seiner bisherigen Rechtsprechung hatte das BverfG die

---

[199]Honsell, AcP 186, S. 161

[200]Honsell, AcP 186, S. 161 und S. 185 f.

[201]Pichler, ZNR 1986, S. 24

[202]BVerfGE 89,1 = NJW 1993, 2035 = MDR 1993, 728. Der Entscheidung lag folgender Sachverhalt zugrunde: Die betagte Vermieterin hatte dem über ihr im selben Haus wohnenden Mieter wegen Eigenbedarf gekündigt, weil sie im Hinblick auf ihren angegriffenen Gesundheitszustand ihren Sohn in nächster Nähe haben wollte. Der Sohn bewohnte bislang eine Wohnung in der angrenzenden Doppelhaushälfte. Der Räumungsklage war vom Amts- und Landgericht stattgegeben worden. Die Verfassungsbeschwerde des Mieters hatte keinen Erfolg. Unter Berufung auf diese Entscheidung hat das Verfassungsgericht Brandenburg das Besitzrecht des Mieters an dem gemieteten Wohnraum als Eigentumsrecht gem. Art. 41 I LVBbg angesehen.

Frage, ob das Besitzrecht des Mieters als Eigentum i.S.v. Art. 14 I GG zu qualifizieren sei, offen gelassen[203] und den Ausgleich zwischen den Belangen des Mieters und dem seinerseits durch Art. 14 I GG geschützten Eigentum des Vermieters auf der Grundlage der Sozialbindung des Eigentums nach Art. 14 II GG gesucht[204]. Das BVerfG hat dabei unter Betonung der Bedeutung der Wohnung als Mittelpunkt der privaten Existenz sowie des Umstandes, daß breite Bevölkerungsschichten aus finanziellen Gründen auf Mietwohnungen angewiesen seien, der Allgemeinwohlbindung eine besonders große Bedeutung zugemessen[205].

Dem Mieter stand also bislang im Gegensatz zum Vermietereigentümer kein subjektives Recht zu, sondern ihm kam lediglich die Reflexwirkung der Gemeinwohlbelange zugute. Der für das Mietrecht zuständige Senatsberichterstatter war demgemäß noch im Jahr 1989 der in der Literatur unter Hinweis auf die gesellschaftliche Bedeutung angemessener Wohnraumversorgung, der zunehmenden Verdinglichung der Miete sowie des Ungleichgewichts zwischen Mieter- und Vermieterschutz erhobenen Forderung nach einer Grundrechtsposition des Mieters aus Art. 14 I 1 GG[206] mit größter Skepsis begegnet[207].

Ausgangspunkt des Beschlusses vom 26.05.1993 ist der über das einfache Recht hinausgehende verfassungsrechtliche Eigentumsbegriff. Eigentum ist danach jedes subjektive vermögenswerte Recht, das dem Berechtigten als Sacheneigentum (§ 903 BGB) oder ebenso ausschließlich wie dieses als Recht zur privaten Nutzung und zur eigenen Verfügung zugeordnet ist[208].

Für den Umfang des Eigentumsbegriffs spielt darüber hinaus der freiheitssichernde Zweck der Eigentumsgarantie eine gewichtige Rolle: Art. 14 I GG soll dem einzelnen einen Freiraum im vermögensrechtlichen Bereich erhalten und damit die Entfaltung und eigenverantwortliche Gestaltung seines Lebens ermöglichen[209].

Das BVerfG knüpft auch in diesem Beschluß an diese personale und freiheits-

---

[203]BVerfGE 18, 121, 131; BVerfGE 83, 82, 88

[204]BVerfGE 18, 121, 131; BVerfGE 37, 132; BVerfGE 82, 6, 15

[205]BVerfGE 38, 348, 379

[206]Rittstieg, S. 329 ff.; Derleder-Winter JZ 1976, S. 537; AK-BGB/Derleder, vor §§ 535 ff. Rz. 55 f.; v.Münch/Kunig/Bryde, Art. 14 Rz. 14

[207]Henschel, NJW 1989, S. 938

[208]BVerfGE 27, 326, 343; BVerfGE 78, 58, 71

[209]BVerfGE 84, 201, 208

sichernde Funktion des Eigentumsschutzes an, wenn es zunächst die Bedeutung der Wohnung für die private Existenzsicherung als Begründung für ein grundrechtlich abgesichertes Besitzrecht des Mieters hervorhebt. Die Wohnung sei für jedermann Mittelpunkt seiner privaten Existenz, wobei jedoch große Bevölkerungsteile zur Deckung des Wohnbedarfs nicht auf Eigentum, sondern gezwungenermaßen auf gemietete Wohnräume zurückgreifen müßten[210]. Hieraus zieht das BVerfG den Schluß , daß das Besitzrecht des Mieters an seiner Wohnung für die breite Masse der Bevölkerung dieselbe Funktion wie das Sacheigentum habe[211].

Neben dieser funktionalen Betrachtungsweise legt das BVerfG dar, daß auch die einfachgesetzliche Ausgestaltung des Besitzrechts des Mieters der Zuordnung als Eigentum entspreche. Der Gesetzgeber habe dem Mieter die Wohnung "wie Sacheigentum zugeordnet"[212]. Dies zeige sich bereits in den umfassenden Nutzungsrechten (§§ 535, 536 BGB) sowie dem eigentumsgleichen Schutz, den das Besitzrecht des Mieters sowohl gegenüber dem Vermieter als auch gegen jeden beliebigen Dritten nach den §§ 858 I, 861 I, 862 I BGB sowie § 823 I BGB genieße[213]. Darüber hinaus erlösche das Besitzrecht des Mieters nicht mit der Veräußerung der Wohnung oder des Grundstücks, sondern wirke auch gegenüber dem Erwerber (§ 571 BGB)[214]. Aus der Gesamtschau der genannten Vorschriften schließt das BVerfG, daß das Besitzrecht des Mieters eine privatrechtliche Rechtsposition darstellt, "die eine Nutzungs- und Verfügungsbefugnis zum Inhalt hat"[215]. Die Einschränkung der Verfügungsbefugnis durch § 549 BGB stehe dem nicht entgegen[216]. Ebenfalls nicht als Einwand gelten läßt das BVerfG, daß der Wohnungsmieter seine Rechtsposition von dem Sacheigentümer ableite, der ihm seine Rechtsposition in Ausübung seiner privatrechtlichen Eigentumsbefugnisse überhaupt erst verliehen hat und der seinerseits durch Art. 14 I GG geschützt wird[217]. Vielmehr stehen sich nach der Auffassung des BVerfG mit dem Besitzrecht des

[210]BVerfGE 89, 1, 6

[211]BVerfGE 89, 1, 6

[212]BVerfGE 89, 1, 6

[213]BVerfGE 89, 1, 6

[214]BVerfGE 89, 1, 7

[215]BVerfGE 89, 1, 7

[216]BVerfGE 89, 1, 7

[217]BVerfGE 89, 1, 8

Mieters und dem Sacheigentum des Vermieters zwei strukturell gleichartige, miteinander konkurrierende Eigentumspositionen gegenüber. Vermieter und Mieter wird also Eigentum an derselben Sache zugestanden. Das BVerfG hat damit den Boden des einheitlichen Eigentumsbegriffs verlassen. Die Entscheidung führt somit zu einem zwischen dem "Nutzeigentum" des Mieters und dem "Verfügungseigentum" des Vermieters gespaltenen Eigentumsrecht.

Es wurde bereits erwähnt, daß der verfassungsrechtliche Eigentumsbegriff über den des bürgerlichen Rechts hinausgeht. Diese Ausweitung ist eine Folge der Diskussion zu Art. 153 WRV, dem ursprünglich noch der bürgerlichrechtliche Eigentumsbegriff zugrunde lag, mit der den gewandelten gesellschaftlichen Verhältnissen Rechnung getragen wurde. Diesem weiten verfassungsrechtlichen Eigentumsbegriff entsprechend hat das BVerfG auch bereits verschiedentlich schuldrechtliche Positionen dem Schutzbereich des Art. 14 GG unterstellt[218]. Trotz dieses unterschiedlichen Eigentumsbegriffs ist unverkennbar, daß die Folgen der Entscheidung zum Eigentum des Wohnungsmieters auch im Privatrecht liegen werden.

Die Grundrechte beinhalten über ihren klassischen Status als Abwehrrechte gegen staatliche Eingriffe hinaus allgemeine Wertmaßstäbe für alle Rechtsbereiche[219]. Diese objektiv-rechtliche Bedeutung der Grundrechte führt zu ihrer Beachtung bei der Anwendung und Auslegung des Privatrechts. Insbesondere die sogenannte mittelbare Drittwirkung, d.h. die Geltung der Grundrechte über das klassische Zweierverhältnis Staat - Bürger hinaus auch im Verhältnis zum anderen einzelnen, wird aus der Stellung der Grundrechte als Elemente objektiver Wertordnung abgeleitet[220].

In seinem Beschluß vom 26.05.1993 weist das BVerfG zwar auf die grundsätzliche Staatsgerichtetheit der Eigentumsgarantie des Mieters hin, betont aber gleichzeitig, daß der Mieter vorrangig Schutz vor dem Vermieter beanspruche[221]. Die Fachgerichte müßten bei der Auslegung und Anwendung des einfachen Rechts die Eigentumsgarantie beachten[222]. Das Eigentumsrecht des Mieters gewinnt somit

---

[218] BVerfGE 45, 142, 179; BVerfGE 68, 193, 222

[219] BVerfGE 49, 89, 141 f.; BVerfGE 73, 261, 269; Jarass/Pieroth, Vorb. vor Art. 1 Rz. 3

[220] BVerfGE 73, 261, 268; Stern, S. 1572 ff.; Jarass/Pieroth, Vorb. vor Art. 1 Rz. 9

[221] BVerfGE 89, 1, 8

[222] BVerfGE 89, 1, 9

hauptsächlich bei der Modifikation eines bestehenden Mietvertrages seitens des Vermieters durch Kündigung oder Mietzinserhöhung Bedeutung. Hierbei geht es jedoch nicht um das grundrechtstypische Verhältnis zwischen Staat und Bürger, sondern um das privatrechtliche Verhältnis von Bürgern untereinander. Die Besonderheit der Entscheidung besteht gerade in dieser Gewährung des Eigentumschutzes innerhalb des Mietverhältnisses[223]. Die Eigentumsgarantie des Mieters hat also hauptsächlich eine horizontale Stoßrichtung in bezug auf das Verhältnis von Mieter und Vermieter. Bei der Anwendung des Privatrechts steht damit sowohl dem Vermieter als auch dem Mieter die Eigentumsgarantie zur Seite. Soweit dabei das Eigentum des Mieters reicht, wird das des Vermieters verdrängt.

Der unmittelbare Bezug zum Zivilrecht ergibt sich des weiteren auch aus der Begründung der Entscheidung. Die Ausweitung des verfassungsrechtlichen Eigentums über das Eigentum des Bürgerlichen Gesetzbuches hinaus, begründet das BVerfG gewöhnlicherweise mit dem Erfordernis einer verfassungsimmanenten Auslegung: "Der Begriff des von der Verfassung gewährleisteten Eigentums muß aus der Verfassung selbst gewonnen werden"[224]. Aus einfachrechtlichen Normen, die in der Normenpyramide unter der Verfassung stehen, könne der Begriff des Eigentums im verfassungsrechtlichen Sinne nicht abgeleitet werden, noch könne aus der privatrechtlichen Rechtsstellung der Umfang der Gewährleistung des Eigentums bestimmt werden. Vorliegend gewinnt das BVerfG die Eigentumsgarantie des Mietrechts aber gerade nicht aus einer verfassungsimmanenten Auslegung. Das Gericht stützt das Eigentum des Mieters vielmehr auf eine Gesamtschau der privatrechtlichen Vorschriften, aus denen in der zivilrechtlichen Literatur die Verdinglichung der Miete abgeleitet wird. Das Besitzrecht des Mieters ist nach der Auffassung des BVerfG folglich gerade durch das Bürgerliche Gesetzbuch so umfassend ausgestaltet, daß es als Eigentum angesehen werden kann: "Das Besitzrecht des Mieters an der Wohnung stellt eine privatrechtliche Rechtsposition dar, die dem Mieter wie Sacheigentum zugeordnet ist"[225].

Daß für das BVerfG für die Anerkennung des Eigentumsrechts des Mieters die zivilrechtliche Ausgestaltung des Mietrechts und nicht etwa die Bedeutung der Wohnung als Mittelpunkt der Existenz ausschlaggebend war, wird zweifelsfrei

---

[223]Sternel, MDR 1993, S. 729

[224]BVerfGE 58, 300, 335

[225]BVerfGE 89, 1, 6

dadurch belegt, daß das BVerfG in seiner bisherigen Rechtsprechung diesen Aspekt zwar berücksichtigt hat, aus ihm aber stets lediglich die Befugnis zu einer verstärkten Einschränkung der Befugnisse des Vermietereigentümers abgeleitet hat[226].
Zusammenfassend läßt sich festhalten, daß das BVerfG mit seiner vorwiegend auf zivilrechtliche Vorschriften gestützten Anerkennung des Besitzrechts des Mieters an der gemieteten Wohnung als Eigentum das Eigentumsrecht in ein Nutzeigentum des Mieters und ein Verfügungseigentum des Vermieters aufgespalten hat. Im Hinblick auf die zivilrechtliche Argumentation sowie die horizontale Stoßrichtung des Mietereigentums hat dieses gespaltene Eigentum über die rein verfassungsrechtliche Ebene hinaus auch Auswirkungen auf den Bereich des Bürgerlichen Rechts. In der Literatur wird in dem vom BVerfG vollzogenen Schritt weg von einem einheitlichen Eigentumsrecht und hin zu einem zwischen Vermieter und Mieter gespaltenen Eigentum dementsprechend auch eine Umwälzung der Eigentumsverfassung im Bereich des Wohnungseigentums gesehen[227].
Diese Entscheidung des BVerfG steht jedoch keineswegs isoliert. In der Rechtsprechung des BGH zeigen sich ebenfalls Ansatzpunkte zu einer zunehmenden Ablösung des Mietrechts vom Schuldrecht bzw. einer Verselbständigung gegenüber dem Sacheigentum des Vermieters.
Zu nennen sind dabei zunächst die zur Problematik der Herausgabe des Untermietzines bei unberechtigter Untervermietung ergangenen Entscheidungen des BGH[228].
Gegen den dinglichen Charakter der Grundstücks- und Wohnraummiete war bereits in der älteren Literatur die durch § 549 BGB eingeschränkte Verfügungsbefugnis des Mieters angeführt worden[229]. Die Sachherrschaft des Mieters sei keine unmittelbare, weil er nur mit Erlaubnis des Vermieters berechtigt sei, den Gebrauch der Sache einem Dritten zu überlassen. Kennzeichen des dinglichen Rechts sei unter anderem aber gerade auch die Möglichkeit zur unmittelbaren Weitergabe an einen Dritten[230]. Dieser Einwand der fehlenden Verfügungsbefugnis wurde von den Kritikern des verfassungsrechtlich geschützten Eigentumsrecht des Mieters aufge-

---

[226]Vgl. etwa BVerfG 18, 121, 132

[227]Rüthers, NJW 1993, S. 2588

[228]BGH NJW 1964, 1853; BGH NJW 1996, 838

[229]Vgl. insbesondere Löning, S. 148 f.

[230]Löning, S. 149

griffen[231]. Verfügungsbefugnis meine die grundsätzliche Möglichkeit, den im Eigentum verkörperten Wert durch Verkauf, Belastung oder Vermietung realisieren zu können. Der Mieter können diesen Wert aber gerade nicht wirtschaftlich nutzen, da er das Mietobjekt nur mit Zustimmung des Vermieters unter- bzw. weitervermieten dürfe.

Vor dem Hintergrund der im folgenden darzustellenden Rechtsprechung des BGH zur Herausgabe des erlangten Untermietzinses bei unberechtigter Untervermietung, die dieser entgegen gewichtigen Stimmen in der rechtswissenschaftlichen Literatur vertritt, erscheint es äußerst fraglich, ob man tatsächlich von einer fehlenden Verfügungsbefugnis des Mieters sprechen kann.

Die Frage, ob einem Vermieter Ansprüche gegen den Mieter zustehen, der die gemietete Sache unberechtigt an einen Dritten untervermietet hat, ist Gegenstand einer kontroversen Diskussion[232]. Soweit ersichtlich besteht in Rechtsprechung[233] und Lehre[234] mittlerweile wenigstens insoweit Einigkeit, daß für die Abführung des vom Mieter kassierten Untermietzinses nur bereicherungsrechtliche Ansprüche des Vermieters gegen den untervermietenden Mieter ernsthaft in Betracht zu ziehen sind[235]. Ausgeklammert werden soll auch die in der Literatur bisweilen erörterte dogmatische Spezialfrage, ob eventuelle Bereicherungsansprüche in Analogie zu § 816 I 1 BGB als Eingriffskondiktion wegen Verfügung eines Nichtberechtigten zu behandeln sind oder dem Tatbestand der allgemeinen Eingriffskondiktion nach § 812 I 1 2. Alt. unterfallen, da sie für das hier interessierende Thema von völlig untergeordneter Bedeutung ist. Meines Erachtens ist die allgemeine Eingriffs-

---

[231]Roellecke, NJW 1992, S. 1653; Franke, DWW 1993, S. 282; Depenheuer, NJW 1993, S. 2563

[232]S. zum Meinungsstand die Zusammenstellung in BGH NJW 1996, 838, 839 f.

[233]S. BGH NJW 1996, 838; OLG Düsseldorf NJW-RR 1994, 596 f.; LG Hildesheim WM 1990, 341

[234]MünchKomm/Lieb, § 812 Rz. 220 ff.; Palandt/Thomas, § 812 Rz. 34; Reuter/Martinek, S. 308 ff.; Söllner, JuS 1967, S. 449 ff.; Theuffel, JuS 1997, S. 886 ff.; Gebauer, Jura 1998, S. 130 f.

[235]Die Nichtanwendbarkeit von anderen denkbaren Anspruchsgrundlagen aus Delikt, positiver Vertragverletzung, angemaßter Eigengeschäftsführung oder aus dem Eigentümer-Besitzer-Verhältnis haben Söllner, JuS 1967, S. 449 ff. und Neumann-Duesberg, BB 1965, S. 729 ff. überzeugend dargelegt.

kondiktion einschlägig[236]. Im folgenden wird daher von ihr ausgegangen.
Nach der auf Wilburg[237]zurückgehenden und heute herrschenden Lehre vom Zuweisungsgehalt[238], die den kondiktionsauslösenden Eingriff durch seinen Widerspruch zur rechtlichen Güterzuordnung bestimmt, rückt damit die Frage in den Vordergrund, wem nach der Rechtsordnung die Befugnis zur Untervermietung zugewiesen ist.
Im Schrifttum wird verschiedentlich die Untervermietung dem Vermieter zugewiesen[239]. Nach dieser Auffassung wird die Eigentümerstellung, die grundsätzlich zunächst alle Gebrauchs- und Verwertungsmöglichkeiten umfaßt, durch den Abschluß des Mietvertrages nur insoweit beschränkt, wie der Inhalt des Vertrages reicht. Alle übrigen Befugnisse verblieben beim Eigentümer. Der Mietvertrag gestatte dem Mieter aber lediglich das persönliche Wohnen. Zu der darüber hinausgehenden Nutzung der Wohnung durch Untervermietung bedürfe er hingegen der Zustimmung des Eigentümers. Mit der Untervermietung ohne Zustimmung überschreite der Mieter die Grenzen des ihm vertraglich zugewiesenen Gebrauchs und greife somit in den Zuweisungsgehalt des Vermietereigentums ein[240].
Nach der Ansicht des BGH[241] und der wohl herrschenden Meinung in der Literatur[242] hingegen entzieht das unbefugte Untervermieten des Mieters dem Eigentümer keine diesem vorbehaltene Nutzungsmöglichkeit. Zur Begründung wird angeführt, bereits durch die Überlassung des Mietobjekts an den Mieter aufgrund des Mietvertrages, habe sich der Eigentümer der Möglichkeit der Untervermietung begeben, da ihm eine weitere Überlassung an einen Dritten wegen der dem Mieter zustehenden Gebrauchsrechte gar nicht mehr möglich sei[243]. Die Gebrauchsmöglichkeit durch Untervermietung könne ihm folglich auch nicht entzogen werden. In

---

[236]So u.a. auch MünchKomm/Selb, § 812 Rz. 222; Palandt/Thomas, § 812 Rz. 34; Erman/ H. P. Westermann, § 812, Rz. 71

[237]Wilburg, S. 25 ff.

[238]Vgl. Medicus, Bürgerliches Recht, Rz. 706 mit zahlreichen weiteren Nachweisen

[239]MünchKomm/Selb, § 812 Rz. 221; Erman/H.P. Westermann, § 812 Rz. 71

[240] MünchKomm/Selb § 812 Rz. 221; Erman/H.P. Westermann, § 812 Rz. 71

[241]BGH NJW 1964, 1853; BGH NJW 1996, 838

[242]Reuter/Martinek, S. 310; Sternel, Rz. II 265; RGRK/Gelhaar, § 549 Rz. 17; Söllner, JuS 1967, S. 449 ff.; Mutter, MDR 1993, S. 304 f.

[243]So etwa BGH NJW 1996, 838, 840; Söllner, JuS 1967, S. 452

der sich aus § 549 BGB ergebenden Befugnis des Vermieters, die Untervermietung zu gestatten oder zu versagen, liege gleichfalls keine Zuweisung der Gebrauchsüberlassung an den Vermieter[244]. Diese Befugnis sei kein Ausfluß des Eigentümerrechts, sondern ein rein schuldrechtliches Kontrollrecht, das ausschließlich dazu diene, die schützenswerten Interessen des Vermieters zu wahren[245].
Nach der Rechtsprechung des BGH und den ihr folgenden Autoren ist die Untervermietung folglich ein "dem Mieter zugeordnetes Geschäft"[246]. Die Untervermietung wird also zum Zuweisungsgehalt der Nutzungsbefugnis des Mieters gezählt. Angesichts dieser Rechtsprechung, die dem Mieter die Übertragung und wirtschaftliche Verwertung seiner Rechtsstellung zuweist, vermag das generell gegen die Verdinglichung der Wohnraummiete und speziell auch gegen die verfassungsrechtliche Verdinglichung der Mietrechte durch die Rechtsprechung des BVerfG angeführte Argument der fehlenden Verfügungsmacht und der fehlenden wirtschaftlichen Realisierbarkeit nicht zu überzeugen.
Die Zuweisung der Untervermietung zur Nutzungsbefugnis des Mieters stellt folglich einen weiteren Schritt in Richtung auf ein eigentumsgleich ausgestaltetes Nutzungsrecht des Wohnraummieters dar. Daran ändert auch nichts, daß die Untervermietung der Zustimmung des Vermieters bedarf. Zum einen hängen nämlich weder der Untermietvertrag noch die Gebrauchsüberlassung von der Genehmigung ab, und auch bei fehlender Genehmigung steht der wirtschaftliche Nutzen in Form des Untermietzinses dem Mieter zu. Ein Blick auf die germanistische Literatur zum geteilten Eigentum zeigt zum anderen, daß die Verteilung der Befugnisse zwischen Verfügungs- und Nutzeigentümer gerade dadurch gekennzeichnet war, daß letzterer bei Verfügungen über sein Recht vielfach der Zustimmung des ersteren bedurfte.
Weiter ist auf die richterliche Fortbildung des mietrechtlichen Bestandsschutzes durch zwei Entscheidungen des BVerfG[247] und des BGH[248] zu der Rechtsfrage, ob auch der überlebende Partner einer nichtehelichen Lebensgemeinschaft in den Mietvertrag des verstorbenen Partners eintritt, einzugehen. Der 1. Senat des BVerfG hat durch Beschluß vom 3.4.1990 die analoge Anwendung von

---

[244]Reuter/Martinek, S. 311; Söllner, JuS 1967, S. 453; aA Gebauer, Jura 1998, S. 131 ff.

[245]Reuter/Martinek, S. 311; Söllner, JuS 1967, S. 453

[246]So ausdrücklich BGH NJW 1996, 838, 840

[247]BVerfG NJW 1990, 1593

[248]BGH NJW 193, 999

§ 569 a II 1 BGB auf den Partner einer nichtehelichen Lebensgemeinschaft für verfassungsrechtlich unbedenklich erklärt[249].

Das BVerfG sieht in der analogen Anwendung von § 569 a II 1 BGB keinen Verstoß gegen den sich aus Art. 20 III GG ergebenden Vorrang des Gesetzes, da die Voraussetzungen für eine Ausdehnung des Normbereichs, Gesetzeslücke und Ähnlichkeit zwischen gesetzlicher Regelung und nichtgeregeltem Fall, vorlägen[250]. Die Gesetzeslücke bejaht das BVerfG im Hinblick auf die Entwicklung und die gewandelte soziale Einschätzung der nichtehelichen Lebensgemeinschaft[251]. Die Rechtsähnlichkeit ergibt sich nach dem BVerfG, unter Hinweis auf die gesetzliche Berücksichtigung der nichtehelichen Lebensgemeinschaft (§ 122 BSGH, § 18 WoGG) sowie die in der Rechtsprechung anerkannte Verpflichtung des Vermieters zur Duldung des ständigen Aufenthalts eines nichtehelichen Lebenspartners in der Mietwohnung zu Lebzeiten, aus der Gesetzgebungs- und Rechtsprechungspraxis. Durch die analoge Anwendung von § 569 a BGB auf nichteheliche Lebensgemeinschaften wird nach der Auffassung des BVerfG auch nicht Art. 14 GG verletzt[252]. Gestützt auf die zentrale Bedeutung der Wohnung als Mittelpunkt des privaten Lebensbereichs hält das Gericht den Eigentümer von vermietetem Wohnraum in verstärktem Maße für verpflichtet, auf die Belange derjenigen Mitbürger Rücksicht zu nehmen, die aus eigener finanzieller Kraft keinen Wohnraum für sich schaffen können und deshalb auf die Nutzung fremden Eigentums angewiesen seien[253]. Dieser Gesichtpunkt rechtfertige auch die in der analogen Anwendung von § 569 a II BGB liegenden Einschränkung des Vermieters bei der freien Wahl seines Vertragspartners[254]. Das BVerfG hat in seinem Beschluß allerdings ausdrücklich betont, daß die verfassungsrechtliche Zulässigkeit noch nicht über die zivilrechtlich "richtige" Auslegung des § 569 a II BGB entscheide[255]. Die zivilrechtliche Richtigkeit der Analogie ist mittlerweile von BGH anerkannt worden[256]. Der BGH lehnt

---

[249] BVerfG NJW 1990, 1593

[250] BVerfG NJW 1993, 1593, 1594

[251] BVerfG NJW 1993, 1593, 1594

[252] BVerfG NJW 1990, 1593, 1594

[253] S. zu dieser Rspr. bereits BVerfGE 18, 121, 131

[254] BVerfG NJW 1990, 1593, 1594 f.

[255] BVerfG NJW 1993, 1593, 1595

[256] BGH NJW 1993, 999

zwar eine unmittelbare Anwendung des § 569 a II BGB ab, da unter Berücksichtigung des allgemeinen Sprachgebrauchs und der Gesetzgebungsgeschichte der nichteheliche Lebenspartner kein "anderer Familienangehöriger" im Sinne dieser Vorschrift sei[257]. Die entsprechende Anwendung von § 569 a II BGB auf den überlebenden Partner einer nichtehelichen Lebensgemeinschaft wird hingegen bejaht[258]. In enger Anlehnung an die zitierte Entscheidung des BVerfG begründet der BGH den Analogieschluß mit der gesellschaftlichen Tolerierung nichtehelicher Lebensgemeinschaften sowie der Rechtsentwicklung in Theorie und Praxis, die verstärkt nichteheliche Lebensgemeinschaften als Form des Zusammenlebens von Mann und Frau zur Kenntnis nehme und an sie rechtliche Folgen knüpfe[259]. Der BGH hält den Begriff der nichtehelichen Lebensgemeinschaft auch gegenüber sonstigen außerehelichen Partnerschaften mit hinreichender Bestimmtheit für abgrenzbar[260]. Unter Berücksichtigung der Begriffsbestimmung des Beschlusses des BVerfG vom 17.11.1992[261] setze eine analogiefähige eheähnliche Gemeinschaft eine auf Dauer angelegte Lebensgemeinschaft zwischen Mann und Frau voraus, die daneben keine weitere Lebensgemeinschaft gleicher Art zuläßt und sich durch innere Bindungen auszeichnet, die ein gegenseitiges Einstehen der Partner füreinander begründen, also über die Beziehungen in einer reinen Haushalts- und Wirtschaftsgemeinschaft hinausgeht[262]. Seien diese Kriterien erfüllt, sei das Vertrauen des überlebenden Partners in die Aufrechterhaltung seines bisherigen Lebensmittelpunktes nicht weniger schützenswert als das weitläufiger Verwandter[263]. Der Begriff des "Familienangehörigen" in § 569 a II BGB wurde entsprechend dem Normzweck, den dem Mieter besonders nahestehenden Personen über dessen Tod hinaus Bestandschutz für den Lebensmittelpunkt Wohnung zu gewähren, bislang schon weit ausgelegt. Er umfaßt nach h.M. unabhängig vom Grad sämtliche Verwandten und Verschwägerten, einschließlich von Pflegekindern[264].

---

[257] BGH NJW 1993, 999

[258] BGH NJW 1993, 999

[259] BGH NJW 1993, 999

[260] BGH NJW 1993, 999

[261] BVerfG JZ 1993, 144

[262] BGH NJW 1993, 999

[263] BGH NJW 1993, 999

[264] Palandt/Putzo, § 569 a Rz. 7

Der durch die weite Auslegung des Begriffs "Familienangehörige" ohnehin bereits sehr große Anwendungsbereich der Norm hat also aufgrund der Erstreckung auf Partner einer nichtehelichen Lebensgemeinschaft durch die höchstrichterliche Rechtsprechung, der sich die herrschende Meinung angeschlossen hat[265], eine zusätzliche beachtenswerte Ausdehnung erfahren. Trotz der vom BGH für die eheähnliche Gemeinschaft entwickelten Kriterien, die dieser gegenüber dem ansonsten verwendeten Begriff der eheähnlichen Lebensgemeinschaft schärfere Konturen verleihen, bleibt diese im Gegensatz zu den durch eindeutige formale Kriterien festgelegten Begriffen Ehe, Verwandtschaft und Schwägerschaft ein unbestimmter Rechtsbegriff, der viele Unklarheiten offen läßt. Bereits diese begriffliche Offenheit führt dazu, daß durch die Analogie der Anwendungsbereichs des § 569 a II BGB in der Rechtspraxis sehr stark vergrößert wird. Hinzu kommt die erheblich angestiegene Zahl nichtehelicher Lebensgemeinschaften in den vergangenen Jahren. Die überwiegende Mehrzahl der Mietverhältnisse fällt damit in den Anwendungsbereich des § 569 a BGB. Für viele Wohnungen bedeutet die extensive Anwendung des § 569 a BGB, daß insbesondere durch das Zusammenspiel verschiedener Alternativen der Vorschrift die Mietnachfolge über Generationen hinweg durch Zwangsverträge im Wege des Eintrittsrechts geregelt wird.

Unter dem Aspekt der Perpetuierung des Mietrechts ist schließlich noch ein Beschluß des BGH vom 12.03.1997[266] hervorzuheben, in dem der BGH für die Kündigung des Mietverhältnisses gegenüber den Erben des Mieters entschieden hat: "Nach dem Tod des Mieters kann der Vermieter das Mietverhältnis aufgrund des Sonderkündigungsrechts gemäß § 569 BGB gegenüber dem Erben des Mieters, der mit dem verstorbenen Mieter in der Wohnung keinen gemeinsamen Hausstand geführt hat und nicht gemäß § 569 a BGB in das Mietverhältnis eingetreten ist, nur dann kündigen, wenn er ein berechtigtes Interesse an der Beendigung des Mietverhältnisses i.S. des § 564 b BGB hat."

Diese Entscheidung erstaunt, da der Erbe, der mit dem verstorbenen Mieter keinen gemeinsamen Hausstand in der Wohnung hatte, unter dem Gesichtspunkt des Verlustes der Wohnung als seines bisherigen Lebensmittelpunktes kein schützenswertes Bestandschutzinteresse hat. Das Fehlen des schutzwürdigen Interesses des Erben erkennt auch der BGH, sieht sich aber durch den angeblich eindeutigen

---

[265] Vgl. Palandt/Putzo, § 569 a Rz. 7

[266] BGH NJW 1997, 1695

Willen des Gesetzgebers, wie er u.a. in den Gesetzesmaterialien zu § 564 b BGB zum Ausdruck komme, an einer abweichenden Entscheidung gehindert[267]. In den Gesetzesmaterialien zu § 564 b BGB werde § 569 BGB ausdrücklich genannt und im Gegensatz zu den §§ 569 a, 569 b BGB enthalte § 564 BGB auch keine dahingehende Einschränkung, daß der Erbe zu Lebzeiten des Mieters in der Wohnung gewohnt haben müßte[268]. Diese Auslegung erscheint überaus fraglich. § 569 a BGB legt vielmehr die Wertung nahe, daß nach dem Wille des Gesetzgebers eben nur dem Ehegatten oder den Familienangehörigen ein Fortsetzungsrecht und damit Bestandschutz zustehen soll, die dem Hausstand angehören.

Trotz dieser wenig überzeugenden Begründung wendet die überwiegende Mehrheit im Schrifttum[269] im Anschluß an die Rechtsprechung des BGH § 564 b BGB auf die außerordentlich befristete Kündigung nach § 569 BGB an. Dies liegt wohl nicht zuletzt daran, daß das BVerfG diese Handhabung von § 569 BGB als verfassungsrechtlich unbedenklich erklärt hat[270]. Das BVerfG hält diese Auffassung jedenfalls dann mit der verfassungsrechtlichen Eigentumsgarantie für vereinbar, wenn § 569 BGB auch zugunsten des Eigentümers als dispositiv angesehen wird. Der von dieser Befugnis keinen Gebrauch machende Eigentümer verzichte auf die personale Komponente des Mietverhältnisses mit der Folge, daß dieses als von der Person des Erben losgelöst zu betrachten sei[271]. Die in der Anwendung von § 564 b BGB liegende Einschränkung der Verfügungsbefugnis des Eigentümers werde durch die soziale Funktion des Eigentums ausreichend gerechtfertigt. Denn auch wenn der Erbe die Wohnung nicht selbst nutzen wolle, habe er ein Interesse daran, den durch den Erbfall erlangten Sachbesitz zu erhalten[272]. Diese Begründung führt die praktische Bedeutung der Entscheidung klar vor Augen: Unabhängig von einem schutzwürdigen Interesse an dem Erhalt des Lebensmittelpunktes wird das Besitzrecht des Mieters zu einem generell vererblichen Dauerrecht[273].

---

[267]BGH NJW 1997, 1695, 1697

[268]BGH NJW 1997, 1695, 1696

[269]Palandt/Putzo, § 569 Rz. 8; Erman/Jendrek, § 569 Rz. 3; Staudinger/Sonnenschein, § 569 Rz. 10 und 16

[270]BVerfG NJW 1997, 2746

[271]BVerfG NJW 1997, 2746

[272]BVerfG NJW 1997, 2746

[273]So auch Honsell, AcP 186, S. 134

e) Zusammenfassung

Dem Wohnungsmieter steht an der gemieteten Wohnung ein umfassendes Nutzungsrecht zu, das nach der Rechtsprechung des BGH und dem überwiegenden Teil der Rechtswissenschaft sogar die grundsätzliche Befugnis zur wirtschaftlichen Verwertung der Rechtsposition durch Untervermietung miteinschließt. Die Stellung des Eigentümers ist während der Vermietung dagegen im wesentlichen auf die Befugnis zur Ziehung des finanziellen Ertrages in Form des Mietzinses und die Möglichkeit der Verfügung durch Veräußerung beschränkt. Das Nutzungsrecht liegt also beim Mieter, während dem Vermieter das Verfügungsrecht verbleibt.
Das Nutzungsrecht des Mieters war schon durch das Bürgerliche Gesetzbuch in der Fassung von 1896 einem unfassenden Schutz gegen Dritte unterstellt worden. Erinnert sei an den absoluten Rechtsschutz des Mieters durch die Besitzschutzregelung der §§ 861, 862 BGB, die dem Mieter als Besitzer die gleichen Rechte bei Störungen durch Dritte geben wie dem Eigentümer. Der absolute Rechtsschutz wird vervollständigt durch die deliktische Regelung des § 823 BGB, die das Recht des Mieters zum Besitz schützt. Sukzessionsschutz bei Wechsel des Eigentümers gewährt § 571 BGB sowie vergleichbare Regelungen im Falle der Zwangsversteigerung und im Konkurs.
Darüber hinaus hat der Mieter heutzutage auch eine verhältnismäßig starke Stellung gegenüber dem Vermieter, weil dieser nur unter engen Voraussetzungen das Mietverhältnis beenden und dem Mieter den Gebrauch der Wohnung nehmen kann. Die ordentliche Kündigung wie die außerordentliche Kündigung sind nur noch bei bestimmten Gründen möglich. Ein freies Kündigungsrecht besteht nicht mehr. Dieser Mieterschutz im Verhältnis zum Vermieter wurde außerhalb des Bürgerlichen Gesetzbuches erstmals durch das Mieterschutzgesetz eingeführt und später in nicht unwesentlichen Teilen, insbesondere in den Kündigungsschutzregelungen, als Dauerrecht in das Bürgerliche Gesetzbuch aufgenommen.
Die Stellung des Wohnraummieters weist damit im Vergleich zu anderen schuldrechtlichen Positionen sowohl, was den Schutz nach außen als auch, was das Verhältnis zum Vertragspartner betrifft, eine erhebliche Verfestigung auf. Man hat deshalb in der Rechtswissenschaft immer wieder behauptet, daß die Miete ein dingliches Recht sei oder zumindest von einer Verdinglichung der Miete gesprochen.

Auch die zeitliche Begrenzung der Gebrauchsüberlassung an den Mieter, in welcher der wesentliche Unterschied zwischen der Miete und einer, einem Nutzungseigentum gleichkommenden, unbefristeten Gebrauchsüberlassung gesehen wird[274], ist zu Gunsten eines mit Bestandsschutz versehenen (Dauer-) Rechts eingeschränkt worden. Neben den Kündigungsschutzbestimmungen ist unter diesem Aspekt vor allem auf die aus § 19 MSchG hervorgegangene Regelung des § 569 a BGB hinzuweisen[275]. Nach § 569 a BGB treten der überlebende Ehegatte bzw. die mit dem Mieter in einem Hausstand lebenden Familienangehörigen mit dessen Tod automatisch in das Mietverhältnis mit sämtlichen Rechten und Pflichten ein. Die Miete wird somit durch Sonderrechtsnachfolge zu einem erblichen Recht.

Aufgrund des weiten personellen Anwendungsbereichs des § 569 a BGB, der mit der Erstreckung auf eheähnliche Gemeinschaften durch die höchstrichterliche Rechtsprechung noch eine zusätzliche bedeutsame Erweiterung erfahren hat, kann es insbesondere durch die Kombination verschiedener Alternativen der Vorschrift über mehrere Generationen hinweg zu einer Mietnachfolge durch Eintrittsrechte kommen.

Auch außerhalb des Regelungsbereichs des § 569 a BGB ist das Besitzrecht des Mieters durch das von der Rechtsprechung geforderte Vorliegen eines berechtigten Interesse des Vermieters als Kündigungsvoraussetzung auch für eine Kündigung nach § 569 BGB zu einem erblichen Dauerrecht ausgestaltet worden.

In dieser Perpetuierung unterscheidet sich die Wohnraummiete auch signifikant von dem beschränkt dinglichen Wohnungsrecht nach § 1093 BGB, das als beschränkt persönliche Dienstbarkeit mit dem Tod des Berechtigten ipso iure erlöscht.

Es ist unverkennbar, daß die Rechtsentwicklung dahin geht, das Mietrecht sowohl in seiner inhaltlichen Ausgestaltung als auch in seiner Dauer gegenüber dem Eigentum des Vermieters zu verselbständigen und damit gleichzeitig dessen Rechte zu beschränken. Das Nutzungsrecht des Mieters ist in seinem Bestand weitestgehend vom Willen des Vermieters unabhängig geworden. Bei der Wohnraummiete ist also in zunehmenden Maße eine Aufteilung des Eigentums in Zuordnung der Sachsubstanz einerseits und Zuordnung der Nutzung andererseits erkennbar. Vorläufiger Schlußpunkt dieser Entwicklung ist die Anerkennung des Besitzrechts des Mieters als Eigentum im Sinne des Art. 14 I GG durch das BVerfG. Diese bereits wegen

---

[274]Roellecke, NJW 1992, S. 1649

[275]Zur Entstehungsgeschichte der Norm vgl. BGH NJW 1993, 999

ihrer schwerpunktmäßig zivilrechtlichen Begründung über das Verfassungsrecht hinaus bedeutsame Entscheidung des BVerfG stellt auch für das Bürgerliche Recht die Frage nach der Rechtsnatur der Wohnraummiete neu.
In der aufgezeigten Entwicklung des Wohnraummietrechts durch Gesetzgebung und Rechtsprechung zeigt sich eine unverkennbare Parallele zum geteilten Eigentum. Die dem geteilten Eigentum unterfallenden Rechtsinstitute waren sämtlich gerade dadurch gekennzeichnet, daß ein ursprünglich auf rein personalen Bindungen beruhendes Nutzungsrecht eine zunehmende Verdinglichung erfahren hat und dadurch von der Willkür des Sacheigentümers unabhängig geworden ist. Insbesondere durch das Hinzutreten der Vererblichkeit wurde es möglich, daß das Nutzungsrecht über Generationen hinweg vom Obereigentum getrennt wurde.
Wenn wir uns in Erinnerung rufen, daß das geteilte Eigentum bei geschichtlicher Betrachtung einen Übergangszustand markiert, so stellt sich im Hinblick auf die aufgezeigten Parallelen zwischen Mietrecht und geteiltem Eigentum in der Tat die von Hans Hattenhauer aufgeworfene Frage, "ob wir nicht mit einem Absterben des Mietrechts entsprechend dem Untergang der Grundherrschaft zu rechnen haben, so daß am Ende ein neues Wohnrecht als Alternative zum Hauseigentum entsteht"[276].

5. Das Erbbaurecht und das Dauerwohnrecht nach dem Wohnungseigentumsgesetz

Außerhalb des Bürgerlichen Gesetzbuches wird der Gedanke einer Eigentumsteilung beim Erbbaurecht sowie dem Dauerwohnrecht nach dem Wohnungseigentumsgesetz erkennbar.

a) Das Erbbaurecht[277]

Das Erbbaurecht, das ursprünglich in den §§ 1012-1017 BGB normiert war und seit dem 15.1.1919 in der Erbbaurechtsverordnung[278] geregelt wird, ist das veräußerliche und vererbliche Recht, auf dem Grundstück eines anderen ein Bauwerk zu haben.

---

[276] Hattenhauer, S. 100

[277] Entwickelt hat sich das Erbbaurecht aus den römisch- und gemeinrechtlichen Superficies sowie dem deutsch-rechtlichen Institut der Bodenleihe, vgl. RGRK/Räfle, vor § 1 ErbbauVO Rz. 3

[278] RGBl. I, S. 72, S. 122

Dieses Bauwerk ist dabei Bestandteil des Erbbaurechts (§ 12 I 1 ErbbauVO). Neben dem Eigentum an dem Bauwerk wird vom regelmäßigen Inhalt des Grundstückseigentums auch die gesamte faktische Benutzung des Grundstücks abgetrennt und dem Erbbauberechtigten zugewiesen. Dem Grundstückseigentümer verbleibt hingegen neben dem Anspruch auf den vereinbarten Erbbauzins nur das Recht zur Veräußerung und Belastung des Grundstücks sowie die Bodenwertsteigerung. Das Erbbaurecht ist somit durch eine Abspaltung des Verfügungsrechts am Bodeneigentum vom Nutzungsrecht daran gekennzeichnet.

Die Eigentumsbefugnisse werden dabei regelmäßig für einen langen Zeitraum voneinander getrennt. Von der grundsätzlichen Möglichkeit eines zeitlich nicht begrenzten, sog. ewigen Erbbaurechts[279], wird in der Praxis zwar kein Gebrauch gemacht, doch wird in aller Regel das Erbbaurecht auf die Dauer von 99 Jahren vereinbart[280]. Die Dauerhaftigkeit der Trennung wird noch dadurch gefördert, daß eine Bestellung des Erbbaurechts auf Lebenszeit des Berechtigten nicht zulässig ist[281].

Die im Erbbaurecht liegende Teilung der Eigentumsbefugnisse wird zusätzlich durch seine Ausgestaltung als grundstücksgleiches Recht unterstrichen. Das Erbbaurecht wird so behandelt, als ob es selber ein Grundstück wäre. Es wird wie ein Grundstück im Grundbuch auf einem eigenen Blatt eingetragen und ist selbständiger Gegenstand dinglicher Rechte. Das Erbbaurecht ist wie das Grundeigentum veräußerlich und vererblich, worin es sich wesentlich von den Dienstbarkeiten unterscheidet. Gegenüber Dritten, welche die Rechtsausübung beeinträchtigen, hat der Erbbauberechtigte die gleichen umfassenden Abwehrrechte wie der Grundstückseigentümer.

Das Erbbaurecht steht aufgrund der aufgezeigten Ausgestaltung als veräußerliches und vererbliches Nutzungsrecht mit der Tendenz zur dauerhaften Spaltung der Sachnutzung von der Sachsubstanz im Widerspruch zu der Eigentumskonzeption des Bürgerlichen Gesetzbuches, das durch den Ausschluß vererblicher und veräußerlicher Nutzungsrechte eine längerfristige Spaltung der im Eigentum enthaltenen Befugnisse gerade vermeiden will[282].

---

[279] Vgl. Westermann, S. 48

[280] RGRK/Räfle, vor § 1ErbbauVO Rz. 4

[281] Westermann, S. 45

[282] Vgl. Motive III, S. 262

Die Verfasser des Bürgerlichen Gesetzbuches erkannten selbst, daß das Erbbaurecht den Rahmen der sonstigen dinglichen Nutzungsrechte überschreitet und befürchteten deshalb, "daß vererbliche und veräußerliche Benutzungsrechte begründet werden könnten, welche das Eigenthum der belasteten Sache auf die Dauer in weitem Umfange schwächen, ja erschöpfen, und selbständige dem Eigenthume an Dauerhaftigkeit gleichkommende Rechtsgüter und Verkehrsobjekte sind"[283]. Trotzdem nahmen sie das Erbbaurecht in das Bürgerliche Gesetzbuch auf, da sie auch in der Gegenwart ein Bedürfnis für ein solch umfassendes Nutzungsrecht sahen[284]. Ihrer Befürchtung einer Eigentumsteilung begegneten sie mit der Erwägung, daß regelmäßig nur verhältnismäßig geringe Parzellen betroffen seien, was mit den agrarischen Belastungen nicht zu vergleichen sei[285].

Obwohl die Verfasser des Bürgerlichen Gesetzbuches also erkannten, daß das Erbbaurecht einen Fremdkörper in der Eigentumskonzeption des Bürgerlichen Gesetzbuches darstellt, der sich von den sonstigen dinglichen Rechten erheblich unterscheidet, hielten sie bei seiner dogmatischen Behandlung an dem starren Gegensatz von absolutem Eigentum und beschränkt dinglichen Rechten fest. Sie stellten, wie zuvor schon Johow[286], ausdrücklich klar, daß das Erbbaurecht nicht ein Fall des geteilten Eigentums, sondern ein beschränkt dingliches Recht sei[287].

In der Literatur wird das Erbbaurecht denn auch zumeist als beschränkt dingliches Recht qualifiziert und unter Berufung auf den Willen des Gesetzgebers sowie den Gesetzeswortlaut, der in § 1 ErbbauVO (ebenso wie früher in § 1012 BGB) von "Belastung" spricht, die Einstufung als geteiltes Eigentum abgelehnt[288].

Zunehmend wird aber unter wirtschaftlichem Blickwinkel und unter Hinweis auf

---

[283]Motive III, S. 466

[284]Motive III, S. 466

[285]Motive III, S. 467

[286]Materialien, Sachenrecht I, S. 526

[287]Motive III, S. 467

[288]Etwa RGRK/Räfle, § 1 ErbbauVO Rz. 1; MünchKomm/von Oefele, § 1 ErbbauVO Rz. 5; Gierke, S. 130.

Überraschend ist, daß Gierke als entschiedener Verfechter der Lehre vom geteilten Eigentum allein aufgrund dieser rein positivistischen Argumentation das Erbbaurecht als beschränkt dingliches Recht an fremder Sache ansieht und sich ausdrücklich gegen dessen Qualifizierung als einen Fall des geteilten Eigentums wendet. Zumal weil er die preußische Rentengütergesetzgebung, die wie das Erbbaurecht Siedlungszwecken dient, als einen Ansatz zu einer modernen Form der Eigentumsteilung betrachtet (vgl. Gierke, S. 373).

den Lebenswert die Auffassung vertreten, daß, trotz des Festhaltens des Gesetzes an der Kategorie des beschränkt dinglichen Rechts, beim Erbbaurecht hinter der Belastung des Grundstücks materiell eine Teilung des Eigentums liegt[289]. Das Eigentum ist für einen langen Zeitraum aufgeteilt in die Zuordnung der Sachsubstanz und ein umfassendes, absolut geschütztes Nutzungsrecht.

b) Das Dauerwohnrecht nach dem Wohnungseigentumsgesetz[290]

Das Dauerwohnrecht nach dem Wohnungseigentumsgesetz stellt ein dingliches Wohnrecht dar, das seinen Inhaber zur alleinigen Nutzung, unter Ausschluß des Eigentümers, einer bestimmten Wohnung oder bestimmter Räume berechtigt (§ 31 I WEG). Von den persönlichen Dienstbarkeiten und dem Wohnrecht nach § 1093 BGB unterscheidet es sich dadurch, daß es gem. § 33 I WEG veräußerlich und vererbbar ist. Über § 34 II WEG genießt der Inhaber des Dauerwohnrechts sowohl gegenüber Dritten als auch gegenüber dem Eigentümer absoluten Schutz nach den §§ 985, 1004 BGB. Das Dauerwohnrecht wird in der Regel für eine bestimmte Zeit bestellt. Die Vereinbarung eines Endtermins ist aber wie beim Erbbaurecht nicht zwingend[291].
Der Inhaber des Dauerwohnrechts hat also ein dauerhaftes, umfassendes und vererbliches Nutzungsrecht, das absoluten Schutz genießt, während die Eigentümerstellung sich auf das Verfügungsrecht reduziert. Dem Interessengehalt nach kann man folglich auch bei dieser Form einer "verdinglichten Miete" von einer Eigentumsteilung sprechen[292].

6. Rechtspolitischer Aspekt der Eigentumsteilung

Die vorstehenden Ausführungen zum Mietrecht und Erbbaurecht machen deutlich, daß das Strukturproblem der Trennung und Verselbständigung von Eigentümerbe-

---

[289]Wagner, S. 140 ff.; Harry Westermann, S. 333; Krause, JuS 1970, S. 320; Strauch, S. 285 ff.; Hattenhauer, S. 96

[290]Auf das Dauerwohnungsrecht soll nur mit wenigen Sätzen eingegangen werden, da seine praktische Bedeutung äußerst gering geblieben ist.

[291]Palandt/Bassenge, § 31 WEG Rz. 8

[292]Vgl. Strauch, S. 286 f.

fugnissen eng mit rechts- und sozialpolitischen Fragen verknüpft ist. Dieser rechtspolitische Aspekt des geteilten Eigentums ist auch bereits bei dem im historischen Teil der Arbeit dargestellten Zusammenhang zwischen der Bauernbefreiung und dem Verschwinden der Rechtsinstitute des geteilten Eigentums in der Rechtswirklichkeit sichtbar geworden. Die rechtspolitische Dimension des geteilten Eigentums ist auch von den germanistischen Autoren erkannt worden. Insbesondere in den Ausführungen Gierkes wird dies deutlich, wie folgende Textstelle belegt:
" Es (das geteilte Eigentum) hat seine große geschichtliche Aufgabe, das in wenigen Händen zusammengeschlossene echte Eigentum an Grund und Boden wiederum aufzuteilen und allmählich in freies und volles Eigentum weiter Volkskreise überzuleiten, im wesentlichen erfüllt"[293].
Gierke sieht denn auch in einer Reform des Bodenrechts die Bedeutung des geteilten Eigentums für die Zukunft[294]. In der neueren Literatur wird dieser Gedanke von Lieberich aufgegriffen, der es für möglich erachtet, daß ein sozialer Gesetzgeber, dem es auf die Stärkung des Eigentümergefühls ankommt, wieder auf das geteilte Eigentum zurückgreift[295].
In der rechtspolitischen Diskussion ist das geteilte Eigentum auch bis in die Gegenwart tatsächlich nicht verschwunden.
Unter Berufung auf Gierke wurde in den dreißiger Jahren versucht, die Lehre vom geteilten Eigentum für die Siedlungspolitik im Osten wieder zu beleben[296]. Insbesondere Wagner sprach sich, geleitet von nationalsozialistischem Gedankengut[297], für die Einführung des geteilten Eigentums zur Lösung der Probleme bei der Schaffung von Eigenheimen und im Siedlungswesen aus. Beabsichtigt wurde die privatrechtliche Berechtigung weiter Bevölkerungsteile an Grund und Boden sowie eine verstärkte "Einflußnahme der Volksgemeinschaft auf alles Grundeigentum"[298].
Eine Wiederbelebung des geteilten Eigentums zur Gestaltung der Wohnverhältnisse forderte Hedemann in seinem im Jahr 1950 veröffentlichten Aufsatz "Das Eigentum

---

[293]Gierke, S. 373

[294]Gierke, S. 373

[295]Mitteis/Lieberich, S. 76

[296]Hedemann, Fortschritte, S. 388; Wagner, S. 131 und S. 142

[297]Vgl. Wagner, S. 131 Fn. 1, wo sich Wagner auf Adolf Hitler, Mein Kampf beruft

[298]Wagner, S. 142; Hedemann, Fortschritte, S. 27 und S. 388

an der Wohnung"[299], in dessen Einleitung er schreibt: "Es hat sich ein Ruf erhoben, ein weithin klingender Ruf: Gebt dem Mieter Eigentum!"[300]. Im Anschluß an Ausführungen zum Stockwerkseigentum entwirft Hedemann unter direkter Bezugnahme auf das historische geteilte Eigentum[301] das Modell eines "eigentumsähnlichen Nutzungsrechts" an der Wohnung[302]. Gestützt auf den Genossenschaftsgedanken soll für die Mitglieder einer Wohnungsgemeinschaft durch Begründung besonders weitreichender Berechtigungen und Verpflichtungen ein Zustand geschaffen werden, der dem Eigentumsbegriff für ein Haus möglichst nahe kommt[303]. In den siebziger Jahren schließlich wurden von der sozial-liberalen Koalition zur Behebung angeblicher Vermögensfehlakkumulationen sowie zur Vermeidung von Fehlentscheidungen bei Nutzungskonflikten im Bereich des Bodenrechts Vorschläge zur Neuregelung der Bodenordnung vorgelegt, die eine Aufspaltung des Eigentums vorsahen[304]. Zweck der Reform sollte sein, nicht auf Eigenleistung beruhende Wertsteigerungen an Grundstücken den Gemeinden zuzuführen und den Einfluß der öffentlichen Hand auf die konkrete Grundstücksnutzung sicherzustellen. Im Ergebnis sollte ein "unterhalb der Grenze der Sozialwidrigkeit"[305] liegendes Grundeigentum geschaffen werden. Das sollte dadurch erreicht werden, daß im Rahmen der Sozialbindung des Eigentums das (städtische) Bodeneigentum in ein Verfügungseigentum und ein Nutzungseigentum aufgespalten wurde[306]. Das Verfügungseigentum an den bislang im privaten Alleineigentum stehenden Grundstücken sollte der Gemeinschaft zustehen, während den Privaten gegen Entgelt ein kündbares bzw. befristetes Nutzungseigentum überlassen wurde[307]. Der genaue Inhalt und Umfang dieses zeitlich begrenzten, aber vererblichen Nutzungseigentums sollte durch den Vergabevertrag festgelegt werden.

---

[299] Hedemann, JR 1950, S. 457 ff.

[300] Hedemann, JR 1950, S. 458

[301] Hedemann, JR 1950, S. 459

[302] Hedemann, JR 1950, S. 460

[303] Hedemann, JR 1950, S. 460

[304] Vgl. etwa H.-J. Vogel, NJW 1972, S. 1544 ff.

[305] H.-J. Vogel, NJW 1972, S. 1546

[306] H.-J. Vogel, NJW 1972, S. 1546

[307] H.-J. Vogel, NJW 1972, S. 1546

Die Gebäude auf den Grundstücken hingegen sollten im Volleigentum des Nutzungseigentümers stehen und veräußerbar, verpfändbar und vererblich sein[308].
Diese Verteilung der Befugnisse bei der Aufspaltung des Grund und Bodens in ein Verfügungs- und ein Nutzungseigentum erinnert an die Konstruktion des geteilten Eigentums, wie sie Wilhelm Arnold vornimmt. Nach Arnold war das Grundeigentum dergestalt zwischen Ober- und Untereigentümer aufgeteilt, daß letzterem neben dem vererblichen Recht zur Bodennutzung auch noch das vererbliche und veräußerbare Recht an der Besserung zustand[309].
Bereits diese historische Parallele belegt, daß dieser Reformvorschlag der Sache nach nichts anderes ist als der Versuch, die Rechtsfigur des geteilten Eigentums zur Durchsetzung rechts- und sozialpolitscher Vorstellungen wiederzuverwenden. Die Gemeinsamkeit der Aufgliederung des Eigentums in Verfügungseigentum und Nutzungseigentum mit der Unterscheidung zwischen dominium directum und dominium utile im mittelalterlichen Leiherecht veranlaßt die Kritiker des Reformvorschlags dann auch dazu, von einem Rückfall in eine dem Grunde nach feudalistische Eigentumsordnung zu sprechen[310].[311]

---

[308]H.-J. Vogel, NJW 1972, S. 1546

[309]Arnold, S. 172 f. und S. 175

[310]Mayer-Maly, S. 157; Kroeschell, S. 67 ff.; Hattenhauer, S. 87

[311]Auf die zivilrechtliche und verfassungsrechtliche Problematik des Reformvorschlags soll hier nicht weiter eingegangen werden. Es wird insoweit auf die umfassende Darstellung bei Harry Westermann, Zulässigkeit und Folgen einer Aufspaltung des Bodeneigentums in Verfügungs- und Nutzungseigentum, verwiesen.

Vierter Teil: Zusammenfassung der wesentlichen Entwicklungen und Ergebnisse

Die Vorstellung, daß die Befugnisse an einer Sache mehreren Berechtigten dergestalt zugeordnet werden, daß gleichwertige Teilrechte entstehen, geht in der Rechtsgeschichte bis auf die Felddienstbarkeiten des altrömischen Rechts zurück. In Deutschland war die Figur des geteilten Eigentums, die von den Glossatoren und Kommentatoren konzipiert worden ist, über fünfhundert Jahre sowohl in der eigentumsrechtlichen Dogmatik als auch in der Rechtswirklichkeit fest verankert.
Die verschiedenartig abgestuften sachlichen Herrschaftsrechte der mittelalterlichen deutschen Grundeigentumsordnung, insbesondere die lehensrechtliche Gliederung dieser Ordnung, konnten nach der Rezeption des römischen Rechts in dem einheitlichen römischen Eigentumsbegriff nicht untergebracht werden. Da es wegen der bestehenden gesellschaftlichen Verhältnisse aber auch unmöglich war, alle Leiherechte in Rechte an fremder Sache zu verwandeln, bediente man sich der von der Glosse aus dem Gegensatz von actio directa und actio utilis ausgebildeten Lehre vom dominium directum und dominium utile.
Die Glossatoren bezeichneten nämlich Rechte, die wie beispielsweise die Emphyteuse, mit einer vindicatio utilis verfolgt wurden, als dominium utile. Diese Lehre übertrug man auf die unterschiedlichen Formen der Bodenleihe, insbesondere auf das Recht des Lehensmannes und die bäuerlichen Nutzungsrechte, welche als Fälle des dominium utile dem Recht des Lehens- und Grundherrn als dominium directum gegenüber gestellt wurden. In der Folge bezog man das Beiwort utile auf die Nutzungen. Der Umfang der als dominium utile bezeichneten Rechte sowie vor allem der Umstand, daß sich allmählich ihre Vererblichkeit durchgesetzt hatte, führte dazu, ein vom Verfügungseigentum abgespaltenes Nutzeigentum anzuerkennen. So entstand die Theorie vom geteilten Eigentum, welche auch von den naturrechtlichen Kodifikationen des 18. Jahrhunderts übernommen wurde.
Im Laufe des 19. Jahrhunderts verwarf die Romanistik unter dem Eindruck von Thibauts Abhandlung “Über dominium directum und utile” (1801) die Lehre vom geteilten Eigentum. Sie sprach ihr sowohl für das geltende Recht als auch für die Rechtsgeschichte jegliche Bedeutung ab, da die ganze Lehre den Begriffen des klassisch-römischen Rechts zuwiderlaufe und auf einem Mißverständnis der Quellen beruhe.

Es ist zweifellos richtig, daß die Teilung des Eigentums mit dem römischen Eigentumsbegriff unvereinbar ist. Dieser Widerspruch zwischen der Lehre vom geteilten Eigentum und dem klassisch-römischen Recht wurde auch von der Germanistik anerkannt. Dennoch gelang es der Doktrin der Romanistik nicht, das geteilte Eigentum für die Rechtswissenschaft zu desavouieren.

In der deutschrechtlich ausgerichteten Wissenschaft hatte sich nämlich bereits frühzeitig die Erkenntnis durchgesetzt, daß die Frage nach der rechtlichen Berechtigung der Lehre vom geteilten Eigentum unabhängig von ihrer Herleitbarkeit aus dem römischen Recht zu beurteilen ist. Dies ermöglichte eine selbständige, vom römischen Recht unabhängige Beurteilung des Instituts. Die überwiegende Mehrzahl der namhaften Vertreter des germanistischen Zweigs der historischen Rechtsschule hielt denn auch an der Theorie fest und betonte deren rechts- und wirtschaftgeschichtliche Bedeutung für das deutsche Recht. Geschah dies anfangs vor allem unter Berufung auf die gemeinrechtliche Praxis und die gesetzlichen Regelungen, da der abstrakte Eigentumsbegriff mehr oder weniger akzeptiert wurde, so verband sich im Laufe des 19. Jahrhunderts mit dem Eintreten für das geteilte Eigentum zunehmend die Forderung nach einem eigenständigen deutschrechtlichen Eigentumsbegriff. Mit Blick auf das geteilte Eigentum wurde insbesondere von Gierke die Allgemeingültigkeit des römisch-rechtlichen Eigentumsbegriffs in Frage gestellt. Trotz zahlreicher Nuancen und Differenzierungen im einzelnen bestand bei den germanistischen Autoren Einigkeit darüber, daß die zum Nutzeigentum zu rechnenden Rechte mit der umfassenden Sachnutzung versehen waren und sich durch ihre Vererblichkeit vom Nießbrauch als einem dinglichen Recht an fremder Sache unterschieden.

Der Blick auf die germanistische Literatur zeigt, daß während des gesamten 19. Jahrhunderts die wissenschaftliche Diskussion über das geteilte Eigentum lebhaft geführt wurde. Die Abhandlung Thibauts hatte dem geteilten Eigentum also keineswegs, wie allgemeinhin angenommen, mit einem "vernichtenden Schlag" die Daseinsberechtigung absprechen können, sondern die Auseinandersetzung eher noch angefacht.

Der Theorienstreit ebbte erst mit dem Inkrafttreten des Bürgerlichen Gesetzbuches ab, welches das geteilte Eigentum nicht mehr kannte. Maßgebend für die Nichtberücksichtigung des geteilten Eigentums im Bürgerlichen Gesetzbuch waren zum einen der weitgehende Verlust von dessen realen Grundlagen durch die gesetzliche

Bodenreform des 19. Jahrhunderts sowie die Festlegung des Bürgerlichen Gesetzbuches auf den von der Pandektistik vertretenen totalen, abstrakten Eigentumsbegriff, der eine Teilung der Eigentümerbefugnisse ausschließt. Mit dem Ausschluß von veräußerlichen und vererblichen Nutzungsrechten wollten die Verfasser des Bürgerlichen Gesetzbuches darüber hinaus sicherstellen, daß es nicht mehr zu der das geteilte Eigentum kennzeichnenden Trennung von Nutzungs- und Verfügungsbefugnissen kommen konnte.

Trotz dieser Grundentscheidung des Bürgerlichen Gesetzbuches gegen das Rechtsinstitut des geteilten Eigentums ist dieses bis in die Gegenwart nie aus der rechtspolitischen Debatte verschwunden. Vor dem Hintergrund der unterschiedlichsten ideologischen und politischen Vorstellungen tauchte immer wieder der Gedanke einer Bodenrechtsreform auf, bei der das Eigentum an Grund und Boden in ein Nutzungs- und ein Verfügungseigentum aufgeteilt werden sollte.

Während sich diese Reformvorschläge sämtlich nicht durchzusetzen vermochten, haben sich in der Rechtswirklichkeit Rechtstypen entwickelt, welche durch die dem geteilten Eigentum eigene Pluralität von Verfügungs- und Nutzungsrechten gekennzeichnet sind.

Im Bereich der fiduziarischen Kreditsicherheiten sind mit dem Eigentumsvorbehalt und der Sicherungsübereignung solche gespaltenen Rechtsverhältnisse entstanden, bei denen das Volleigentum an einer beweglichen Sache in ein Nutzungs- und ein Verwertungsrecht aufgespalten wird. Der Vorbehalts- und Sicherungseigentümer bedient sich ausschließlich der Funktion des Eigentums als Wertträger und Haftungsobjekt, während die Gebrauchs- und Nutzungsfunktionen dem Vorbehaltskäufer bzw. dem Sicherungsgeber vorbehalten sind.

Der Vorbehaltskäufer und der Sicherungsgeber im Falle der durch die Erfüllung auflösend bedingten Sicherungsübereignung sind aber nicht nur Besitzer und Nutzer der Sache, sondern sie haben aus der bedingten Übereignung auch eine gesetzlich geschützte Rechtsstellung. Die ganz herrschende Meinung spricht ihnen deshalb ein veräußerliches und vererbliches Anwartschaftsrecht an der Sache zu. Numerus clausus und Typenzwang haben also nicht verhindern können, daß sich aufgrund wirtschaftlicher Bedürfnissen entgegen dem erklärten Willen des Gesetzgebers veräußerliche und vererbliche Nutzungsrechte entwickelt haben, die durch eine Aufspaltung der Eigentumsfunktionen und eine gesicherte Rechtsstellung des Nutzungsberechtigten gekennzeichnet sind.

In der Literatur wird daher verschiedentlich, insbesondere von Ludwig Raiser, die Ansicht vertreten, daß die fiduziarischen Sicherungsrechte als geteiltes Eigentum anzusehen seien. Dieser Auffassung ist zuzugeben, daß die an einer konkreten, zweckgerichteten Funktionsbetrachtung orientierte Vorstellung einer Eigentumsteilung der Tatsache, daß sich Besitz und Nutzung von dem Verfügungsrecht absondern, besser Rechnung trägt, als der zweckfreie abstrakte Eigentumsbegriff mit seiner unbedingten Unteilbarkeit des Eigentums. Der Gedanke einer Rechtsgemeinschaft nach Teilrechten erscheint daher als Orientierungshilfe durchaus geeignet, um bei Fragen im Bereich des Vorbehaltskaufs und der bedingten Sicherungsübereignung eine sachgerechte und problemorientierte Lösung zu finden. Erinnert sei daran, daß sich die Lösungen der herrschenden Meinung bei den klassischen Problemen als selbstverständlich ergeben, wenn man von einerAufteilung des Eigentums in ein Nutzungs- und ein Verfügungseigentum ausgeht, ohne daß es des Rückgriffs auf die Vorstellung eines begrifflich unscharfen "wesensgleichen Minus" bedarf.

Bei der bedingten Sicherungsübereignung und dem Vorbehaltskauf läßt sich der Gedanke einer Eigentumsteilung auch mit dem System des Bürgerlichen Gesetzbuches in Einklang bringen, da aufgrund des zeitlich begrenzten Sicherungszwecks ein dauerhaftes Auseinanderfallen von Nutzungs- und Verfügungsrecht nicht eintritt. Eine Neuauflage der Lehre vom geteilten Eigentum vollzieht sich am deutlichsten im Bereich der Wohnraummiete. Der Mieter, dem die Nutzung der Wohnung zusteht, hat nach der Besitzüberlassung einen umfassenden negatorischen (§§ 859 ff.) und deliktischen Schutz, der dem eines Eigentümers gleichkommt. Neben diesem Drittschutz genießt der Mieter durch § 571 BGB sowie den ständig ausgebauten Kündigungsschutz, der dem Vermieter vielfach eine Kündigung praktisch unmöglich macht, auch starken Bestandsschutz gegenüber dem Vermieter und dessen Rechtsnachfolger. Vollendet wird diese Verdinglichung durch den Bestandsschutz im Falle des Todes des Mieters (§§ 569 a, 569 b BGB), der durch die jüngste höchstrichterliche Rechtsprechung noch zusätzlich ausgedehnt wurde. Die zeitliche Begrenzung der Gebrauchsüberlassung ist völlig in den Hintergrund getreten. Die Wohnraummiete hat sich zu einem bestandsgeschützten Dauernutzungsrecht entwickelt, bei dem Nutzungs- und Verfügungsrecht über Generationen hinweg auseinanderfallen können. Hierzu paßt, daß das BVerfG das Besitzrecht des Mieters neuerdings als Eigentum im Sinne des Art. 14 GG qualifiziert.

Abschließend läßt sich also festhalten, daß sich auch unter der Geltung des Bürgerlichen Gesetzbuches dem Nutzeigentum vergleichbare Rechtspositionen herausgebildet haben, die sich von den beschränkt dinglichen Rechten dadurch unterscheiden, daß sie dem Berechtigten die ausschließliche und umfassende Nutzung der Sache verleihen und zugleich vererblich sind.
Diese Entwicklung ist bei den fiduziarischen Sicherungsrechten wegen der zeitlich beschränkten Trennung der Befugnisse unbedenklich, während sie bei der Wohnraummiete zu einer bedenklichen Entleerung des "eigentlichen" Eigentums führt.
Außerhalb des Bürgerlichen Gesetzbuches begegnet der Gedanke der Aufteilung des Eigentums in ein Substanz- und ein Nutzeigentum beim Erbbaurecht und dem Dauerwohnrecht.

Literaturverzeichnis

Arndts, Ludwig Ritter von Arnesberg: Lehrbuch der Pandekten, 8. Auflage, Stuttgart 1874

Arnold, Wilhelm: Zur Geschichte des Eigentums in den deutschen Städten, Basel 1861

ders.: Recht und Wirtschaft nach geschichtlicher Ansicht, Basel 1863 (zit.: Recht und Wirtschaft)

ders.: Cultur und Rechtsleben, Basel 1865 (zit.: Cultur und Rechtsleben)

Baumbach, Adolf/Lauterbach, Wolfgang/Albers, Jan/Hartmann, Peter: Zivilprozeßordnung, 54. Auflage, München 1996

Baur, Fritz: Lehrbuch des Sachenrechts, 14. Auflage, München 1987

ders.: Möglichkeiten und Grenzen des Zivilrechts bei der Gewährleistung öffentlicher und sozialer Erfordernisse im Bodenrecht, AcP 176 (1976), S. 97 ff.

Beseler, Georg: System des gemeinen deutschen Privatrechts, 2. Auflage, Berlin 1866

ders.: Die Lehre von den Erbverträgen, 1. Teil, Göttingen 1835 (zit.: Erbverträge)

Blomeyer, Arwed: Eigentumsvorbehalt und gutgläubiger Erwerb, AcP 153 (1954), S. 239 ff.

Bluntschli, Johann Caspar: Deutsches Privatrecht, 1. Band, München 1853

Brox, Hans: Das Anwartschaftsrecht des Vorbehaltskäufers, JuS 1984, S. 657 ff.

Das Bürgerliche Gesetzbuch mit bes. Berücksichtigung der Rechtsprechung des Reichgerichts und des Bundesgerichtshofes. Kommentar, hrsg. von Mitgliedern des Bundesgerichtshofes, 12. Auflage, Berlin/New York ab 1974

Budäus, Christian: Gedanken von dem gemachten Unterschied unter dem obern und nutzbaren Eigenthum, in: Zepernicks Sammlung auserlesener Abhandlungen aus dem Lehnrechte, 4.Theil, 4.Abhandlung, Halle 1783

Busz, Bernhard: Die historische Schule und die Beseitigung des geteilten Eigentums in Deutschland, München 1966

Canaris, Claus-Wilhelm: Die Verdinglichung obligatorischer Rechte, in: Festschrift für Werner Flume zum 70. Geburtstag, 1. Band, Köln 1978, S. 371 ff.

Cosack, Konrad/Mitteis, Heinrich: Lehrbuch des Bürgerlichen Rechts, 2. Band, Sachenrecht, 7. und 8. Auflage, Jena 1924

Crome, Carl: Die juristische Natur der Miethe nach dem Deutschen Bürgerlichen Gesetzbuch, in: Jherings Jahrbuch, Band 37 (1896), S. 1 ff.

Depenheuer, Otto: Der Mieter als Eigentümer ?, NJW 1993, S. 2561 ff.

Derleder, Peter/Winter, Gerd: Zur verfassungsrechtlichen Stellung des Mieters: Das Beispiel der Mobilisierung öffentlicher Wohnungsbaumittel, JZ 1976, S. 657 ff.

Dernburg, Heinrich: Pandekten, 1. Band, Berlin 1884

Dulckeit, Gerhard: Die Verdinglichung obligatorischer Rechte, Tübingen 1951

Duncker, Ludwig: Über dominium directum und dominium utile, in: Zeitschrift für deutsches Recht und deutsche Rechtswissenschaft, Band 2, Heft 1 (1839), S. 177 ff.

Eckhardt,Karl August (Hrsg.): Das Lehnrecht des Sachsenspiegels, Berlin/Frankfurt 1956

Eichhorn, Carl Friedrich: Einleitung in das deutsche Privatrecht mit Einschluß des Lehenrechts, 4. Auflage, Göttingen 1836

ders.: Deutsche Staats- und Rechtsgeschichte, 4. Theil, 5. Auflage, Göttingen 1844 (zit.: Rechtsgeschichte)

Enneccerus, Ludwig/Lehmann, Heinrich: Recht der Schuldverhältnisse, 15. Bearbeitung, Tübingen 1958 (Lehrbuch des Bürgerlichen Rechts, begr. von L. Enneccerus/ Th. Kipp/M. Wolff, 2. Band)

ders./Nipperdey, Hans Carl: Allgemeiner Teil des Bürgerlichen Rechts, 1. Band, 2. Halbband, 15. Auflage, Tübingen 1960 (Lehrbuch des Bürgerlichen Rechts, begr. von L. Enneccerus, Th.Kipp, M. Wolff, 1. Band)

Erman: Handkommentar zum Bürgerlichen Gesetzbuch , hrsg. von H. P. Westermann, 9. Auflage, Münster 1993

Flume, Werner: Die Rechtsstellung des Vorbehaltskäufers, AcP 161 (1962), S. 385 ff.

Forkel, Hans: Grundfragen der Lehre vom privatrechtlichen Anwartschaftsrecht, Berlin 1962

Franke, Herbert: Besitzrecht des Mieters an der Wohnung als Eigentum i.S. von Art. 14 I GG ?, DWW 1993, S. 281 ff.

Gebauer, Peer: Zur Haftung des Mieters bei unbefugter Untervermietung, Jura 1998, S. 128 ff.

Georgiades, Apostolos: Die Eigentumsanwartschaft beim Vorbehaltskauf. Zur Theorie der dinglichen Anwartschaften, Tübingen 1963

Gerber, Carl Friedrich von: System des deutschen Privatrechts, 2. Auflage, Jena 1850

Gernhuber, Joachim: Die fiduziarische Treuhand, JuS 1988, S. 355 ff.

Gierke, Julius von: Bürgerliches Recht, Sachenrecht, Berlin 1925

Gierke, Otto von: Der Entwurf eines bürgerlichen Gesetzbuches und das deutsche Recht, Leipzig, 1889 (zit.: Entwurf)

ders.: Die soziale Aufgabe des Privatrechts. Vortrag, gehalten am 5. April 1889 in der juristischen Gesellschaft zu Wien, Berlin 1889 (zit.: Soziale Aufgabe)

ders.: Deutsches Privatrecht, 2. Band, Sachenrecht, Leipzig 1905

Goldschmidt, Heinz: Zum Andenken an Karl Josef Anton Mittermaier, AcP 50 (1867), S. 417 ff.

Hagemann, Hans-Rudolf: Eigentum, in: Adalbert Erler und Ekkehard Kaufmann (Hrsg.): Handwörterbuch zur deutschen Rechtsgeschichte, 1. Band, Berlin 1971, Sp. 1684 ff.

Hass, Thorsten: Ist "Nutzeigentum" noch Eigentum ?, Marburg 1976

Hattenhauer, Hans: Über vereintes und entzweites Eigentum, in: Veröffentlichungen der Joachim Jungius-Gesellschaft, Hamburg, Nr. 58, Das Eigentum, hrsg. von J. F. Baur, Göttingen 1988, S. 83 ff.

Hedemann, Justus Wilhelm: Grundrisse der Rechtswissenschaft, 3. Band: Sachenrecht des Bürgerlichen Gesetzbuches, 1. Auflage, Berlin/Leipzig, 1924; 2. Auflage, Berlin 1950

ders.: Die Fortschritte des Zivilrechts im XIX. Jahrhundert. Ein Rückblick über die Entfaltung des Privatrechts in Deutschland, Österreich, Frankreich und der

Schweiz, 2. Teil: Die Entwicklung des Bodenrechts von der französischen Revolution bis zur Gegenwart, 1. Hälfte: Das materielle Bodenrecht, Berlin 1930 (zit.: Fortschritte)

ders.: Das Eigentum an der Wohnung, JR 1950, S. 457 ff.

Honsell, Heinrich: Privatautonomie und Wohnungsmiete, AcP 186 (1986), S. 115 ff.

Hübner, Ulrich: Zur dogmatischen Einordnung der Rechtsposition des Vorbehaltskäufers, NJW 1980, S. 729 ff.

Heck, Philipp: Grundriß des Sachenrechts, Tübingen 1930

Isele, Hellmut Georg: Otto von Gierke, in: Adalbert Erler und Ekkehard Kaufmann (Hrsg.): Handwörterbuch zur deutschen Rechtsgeschichte, 1. Band, Berlin 1971, Sp. 1684 ff.

Jakobs, Horst Heinrich/Schubert, Werner (Hrsg.): Die Beratung des Bürgerlichen Gesetzbuches in systematischer Zusammenstellung der unveröffentlichten Quellen. Sachenrecht 1. Band: §§ 854-1017, Berlin/New York 1985

Jarass, Hans D./Pieroth, Bodo: Grundgesetz für die Bundesrepublik Deutschland, 4. Auflage, München 197

Jauernig, Othmar (Hrsg.): Bürgerliches Recht, 8. Auflage, München 1997

ders.: Zwangsvollstreckungs- und Insolvenzrecht, 20. Auflage, München 1996 (zit.: Zwangsvollstreckung).

Kaser, Max: Geteiltes Eigentum im älteren römischen Recht, in: Festschrift für Paul Koschaker zum 60. Geburtstag, Band 1, Weimar 1938, S. 445 ff. (zit.: Geteiltes Eigentum)

ders.: Römisches Privatrecht, 16. Auflage, München 1992

Kleinheyer, Gerd/Schröder, Jan: Deutsche und europäische Juristen aus neun Jahrhunderten, 4. Auflage, Heidelberg 1996

Koehler, B.: Karl Friedrich Eichhorn, in: Adalbert Erler und Ekkehard Kaufmann(Hrsg.): Handwörterbuch zur deutschen Rechtsgeschichte, 1. Band, Berlin 1971, Sp. 858 ff.

Kommentar zum Bürgerlichen Gesetzbuch, Reihe Alternativkommentare, 3. Band: Besonderes Schuldrecht, Gesamthrsg. Rudolf Wassermann, bearb. von Wofgang Däubler, Peter Derleder u.a., Neuwied/Darmstadt, 1979

Krause, Hermann: Der deutschrechtliche Anteil an der heutigen Privatrechtsordnung, JuS 1970, S. 313 ff.

Kreittmayr, Wiguläus Xaverius Aloysius von: Anmerkungen über den Codicem Maximilianeus Bavaricum Civilem, 2. Theil, München 1761

Kriechbaum, Maximiliane: Actio, ius und dominium in den Rechtslehren des 13. und 14. Jahrhunderts, Ebelsbach 1996

Kroeschell, Karl: Ein vergessener Germanist des 19. Jahrhunderts. Wilhelm Arnold (1826-1883), in: Festschrift für Hermann Krause, Köln 1975, S. 253 ff. (zit.: Ein vergessener Germanist)

ders.: Zur Lehre vom “germanischen” Eigentumsbegriff, in: Rechtshistorische Studien, Hans Thieme zum 70. Geburtstag zugeeignet von seinen Schülern, Köln/Wien 1977, S. 34 ff.

Lammel, Siegbert: Zur Zukunft des sozialen Mietrechts, JZ 1986, S. 832 ff.

Lange, Hermann: Schadensersatz, 2. Auflage, Tübingen 1983

Larenz, Karl: Lehrbuch des Schuldrechts, 1 Band: Allgemeiner Teil, 14. Auflage, München 1987, 2. Band: Besonderer Teil, 1. Halbband, 13. Auflage, München 1986

Lautz, Kurt: Entwicklungsgeschichte des dominium utile, Göttingen 1916

Letzgus, Ernst: Die Anwartschaft des Käufers unter Eigentumsvorbehalt, Tübingen 1938

Löning, George A.: Die Grundstücksmiete als dingliches Recht, Jena 1930

Materialien zum bürgerlichen Gesetzbuch, Erste Kommission, Redaktoren-Motive nebst Vorlagen, Sachenrecht, 1. Band, Berlin 1880

Maurenbrecher, Romeo: Lehrbuch des heutigen gemeinen deutschen Rechts, Bonn 1834

Mayer-Maly, Theo: Das Eigentumsverständnis der Gegenwart und die Rechtsgeschichte, in: Festschrift für Heinz Hübner, Berlin/New York 1984, S. 145 ff.

Medicus, Dieter: Bürgerliches Recht, 17. Auflage, Köln 1996 (zit.: Bürgerliches Recht)

ders.: Schuldrecht I, Allgemeiner Teil, 8. Auflage, München 1995

Mitteis, Heinrich/Lieberich, Heinz: Deutsches Privatrecht, 9. Auflage, München 1981

Mittermaier, Karl Joseph Anton: Grundsätze des gemeinen deutschen Privatrechts mit Einschluß des Handels-, Wechsel- und Seerechts, 1. Abtheilung, 5. Auflage, Regensburg 1837

ders.: Ueber die nothwendigen Vorarbeiten zur Verwirklichung einer allgemeinen deutschen Gesetzgebung mit besonderer Beziehung auf die Bearbeitung eines allgemeinen Gesetzes über eheliche Güterreche, AcP 31 (1848), S. 109 ff.

Motive zu dem Entwurfe eines Bürgerlichen Gesetzbuches für das Deutsche Reich, 2. Band: Recht der Schuldverhältnisse, 3. Band: Sachenrecht. Amtliche Ausgabe, Berlin/Leipzig, 1888

Münch, Ingo von/Kunig, Philipp (Hrsg.): Grundgesetz-Kommentar, Band 1, 4. Auflage, München 1992

Münchener Kommentar zum Bürgerlichen Gesetzbuch, hrsg. v. K. Rebmann, F.-J. Säcker und R. Rixecker, Band 2: Schuldrecht, Allgemeiner Teil (§§ 241-432), Band 3: Schuldrecht, Besonderer Teil (§§ 433-606), Band 6: Sachenrecht (§§ 854-1296), 3. Auflage, München 1994-1997

Mutter, Stefan: Die unberechtigte Untervermietung und ihre bereicherungsrechtliche Behandlung, MDR 1993, S. 303 ff.

Neumann-Duesberg, Horst: Ansprüche des Eigentümers gegen den Mieter wegen unberechtigter Untervermietung, BB 1965, S. 729 ff.

Olzen, Dirk: Aktuelle zivilrechtliche Probleme des Eigentums, in: Veröffentlichungen der Joachim Jungius Gesellschaft der Wissenschaften, Hamburg, Nr. 58, Das Eigentum, hrsg. von J. F. Baur, Göttingen 1988, S. 103 ff.

ders.: Die geschichtliche Entwicklung des zivilrechtlichen Eigentumsbegriffs, JuS 1984, S. 328 ff.

Otte, Gerhard: Die dingliche Rechtsstellung des Mieters nach ALR und BGB, in: Festschrift für Franz Wieacker zum 70. Geburtstag, Göttingen 1978, S. 463 ff.

Palandt: Bürgerliches Gesetzbuch, 57. Auflage, München 1998

Pichler, Johannes W.: Das geteilte Eigentum im ABGB, in ZNR 1986, S. 23 ff.

Planck' s Kommentar zum Bürgerlichen Gesetzbuch, 1. Band: Allgemeiner Teil, 4. Auflage , Berlin 1913, 2. Band, 2. Hälfte: Recht der Schulverhältnisse (Besonderer Teil), 4. Auflage, Berlin 1928

Raiser, Ludwig: Dingliche Anwartschaften, Tübingen 1961

ders.: Funktionsleitung des Eigentums, in: Beiträge zur europäischen Rechtsgeschichte und zum geltenden Zivilrecht, Festgabe für Johannes Sontis, München 1977, S. 167 ff. (zit.: Funktionsteilung des Eigentums)

Reuter, Dieter/Martinek, Michael: Ungerechtfertigte Bereicherung, Tübingen 1983

Rittstieg, Helmut: Eigentum als Verfassungsproblem. Zur Geschichte und Gegenwart des bürgerlichen Verfassungsstaates, Darmstadt 1975

Roellecke, Gerd: Das Mietrecht des BVerfG - Kritik einer Argumentationsfigur, NJW 1992, S. 1649 ff.

Rühl, Helmut: Eigentumsvorbehalt und Abzahlungsgeschäft, Berlin 1930

Rüthers, Bernd: Ein Grundrecht auf Wohnung durch die Hintertür ?, NJW 1993, S. 2587 ff.

Schiemann, Gottfried: Luxusvilla auf schwankendem Grund: Der Nutzungsschaden an Wohneigentum, JuS 1988, S. 20 ff.

Schlosser, Hans: Grundzüge der Neueren Privatrechtsgeschichte, 8. Auflage, Heidelberg 1996

Schubert, Werner (Hrsg.): Die Vorlagen der Redaktoren für die erste Kommission zur Ausarbeitung des Entwurfs eines Bürgerlichen Gesetzbuches, Sachenrecht, Teil 1. Allgemeine Bestimmungen, Besitz und Eigentum, Berlin, New York 1982

Schwab, Karl Heinz/Prütting, Hanns: Sachenrecht, 27. Auflage, München 1997

Sellert, Wolfgang: Runde, in: Adalbert Erler und Ekkehard Kaufmann (Hrsg.): Handwörterbuch zur deutschen Rechtsgeschichte, 4. Band, Berlin 1990, Sp. 1210 ff.

Serick, Rolf: Eigentumsvorbehalt und Sicherungsübertragung, Band 1: Der einfache Eigentumsvorbehalt, Heidelberg 1963

Söllner, Alfred: Herausgabe des Untermietzinses bei unberechtigter Untervermietung ?, JuS 1967, S. 449 ff.

Stahl, Friedrich Julius: Die Philosophie des Rechts, 2. Band: Rechts- und Staatslehre auf der Grundlage christlicher Weltanschauung, Erste Abtheilung, 2. Auflage, Heidelberg, 1845

Stern, Klaus: Das Staatsrecht der Bundesrepublik Deutschland, Band III/1: Allgemeine Lehren der Grundrechte, München 1988

Sternel, Friedemann: Mietrecht, 3. Auflage, Köln 1988

ders.: BVerfG: Das Grundrecht Mietwohnung ?, MDR 1993, S. 728 ff.

Stintzing, Roderich/Landsberg, Ernst: Geschichte der Deutschen Rechtswissenschaft, 3. Abtheilung, 2. Halbband, München, Berlin 1910

Strauch, Dieter: Das geteilte Eigentum in Geschichte und Gegenwart, in: Festschrift für Heinz Hübner, Berlin/New York 1984

Struve, Georg-Adam: Syntagma iuris civilis, Jenae und Francofurti 1693

Stryk, Samuel: Specimen usus moderni Pandectarum (et continuatio), Ed. 7, Halae/ Magdeburgicae, 1730

Theuffel, Berthold: Herausgabe des Untermietzinses bei unberechtigter Untervermietung ?, JuS 1997, S. 886 ff.

Thibaut, Anton Friedrich Justus: Versuche über einzelne Theile der Theorie des Rechts, 2. Band, 3. Abhandlung: Über dominium directum und utile, 2. Auflage, Jena 1817

ders.: System des Pandekten-Rechts, 2. Band, 8. Auflage, Stuttgart 1834 (zit.: Pandekten)

Tuhr, Andreas, von: Der Allgemeine Teil des Deutschen Bürgerlichen Rechts, 2. Band, 2. Hälfte, München/Leipzig, 1918

Vogel, Hans-Jochen: Bodenrecht und Stadtentwicklung, NJW 1972, S. 1544 ff.

Wagner, Heinz: Das geteilte Eigentum im Naturrecht und Positivismus, in: Untersuchungen zur deutschen Staats- und Rechtsgeschichte, Band 149, Breslau 1938

Weitnauer, Hermann: Verdinglichte Schuldverhältnisse, in: Festschrift für Karl Larenz zum 80. Geburtstag, München 1983, S. 705 ff.

Westermann, Harm Peter/Gursky, Karl-Heinz/Pinger, Wilfried: Sachenrecht, Band 1: Grundlagen und Recht der beweglichen Sachen, 6. Auflage, Heidelberg.

Westermann, Harry: Sachenrecht, 5. Auflage, Karlsruhe 1973

ders.: Zulässigkeit und Folgen einer Aufspaltung des Bodeneigentums in Verfügungs- und Nutzungseigentum, Bonn 1974

Wieacker, Franz: Bodenrecht, Hamburg 1938

Wiegand, Wolfgang: Zur theoretischen Begründung der Bodenmobilisierung in der Rechtswissenschaft: der abstrakte Eigentumsbegriff, in: Wissenschaft und Kodifikation des Privatrechts im 19. Jahrhundert, hrsg. von H. Coing und W. Wilhelm, 3.Band: Die rechtliche und wirtschaftliche Entwicklung des Grundeigentums und Grundkredits, Frankfurt a.M. 1976, S. 118 ff.

Wiese, Günther: Der Ersatz des immateriellen Schadens, Tübingen 1963

Wilburg, Walter: Zur Lehre von der ungerechtfertigten Bereicherung nach österreichischem und deutschen Recht, Graz 1934

Windscheid, Bernhard: Lehrbuch des Pandektenrechts, 1. Band, 3. Auflage, Düsseldorf 1873

Wolf, Manfred: Sachenrecht, 14. Auflage, München 1997

Wolter, Udo: Mietrechtlicher Bestandsschutz. Historische Entwicklung seit 1800 und geltendes Wohnraumkündigungsschutzrecht, Frankfurt a.M. 1984

Zeuner, Albrecht: Schadensbegriff und Ersatz von Vermögensschäden, AcP 163 (1964), S. 380 ff.

Zöller, Richard: Zivilprozeßordnung, 20. Auflage, Köln 1997

RECHTSHISTORISCHE REIHE

Band 1 Studien zu den germanischen Volksrechten. Gedächtnisschrift für Wilhelm Ebel. Vorträge gehalten auf dem Fest-Symposion anläßlich des 70. Geburtstages von Wilhelm Ebel am 16. Juni 1978 in Göttingen. Götz Landwehr (Hrsg.) 1982.

Band 2 Hans Poeschel: Die Statuten der Banken, Sparkassen und Kreditgenossenschaften in Hamburg und Altona von 1710 bis 1889. 1978.

Band 3 Thomas Kolbeck: Juristenschwemmen, Untersuchungen über den juristischen Arbeitsmarkt im 19. und 20. Jahrhundert. 1978.

Band 4 Norbert Hempel: Richterleitbilder in der Weimarer Republik. 1978.

Band 5 Rolf Stratmann: Die Scheinbußen im mittelalterlichen Recht. 1978.

Band 6 Martin C. Lockert: Die niedersächsischen Stadtrechte zwischen Aller und Weser. Vorkommen und Verflechtungen. Eine Bestandsaufnahme. 1979.

Band 7 Joachim Rückert/Wolfgang Friedrich: Betriebliche Arbeiterausschüsse in Deutschland, Großbritannien und Frankreich im späten 19. und frühen 20. Jahrhundert. Eine vergleichende Studie zur Entwicklung des kollektiven Arbeitsrechts. 1979.

Band 8 Peter Bender: Die Rezeption des römischen Rechts im Urteil der deutschen Rechtswissenschaft. 1979.

Band 9 Friedrich Karl Alsdorf: Untersuchungen zur Rechtsgestalt und Teilung deutscher Ganerbenburgen. 1980.

Band 10 Dietmar Willoweit/Winfried Schich (Hrsg.): Studien zur Geschichte des sächsisch-magdeburgischen Rechts in Deutschland und Polen (Sammelband). 1980.

Band 11 Brigitte Hempel: Der Entwurf einer Polizeiordnung für das Herzogtum Sachsen-Lauenburg aus dem Jahre 1591. 1980.

Band 12 Klaus-Detlev Godau-Schüttke: Rechtsverwalter des Reiches. Staatssekretär Dr. Curt Joël. 1981.

Band 13 Rainer Polley: Anton Friedrich Justus Thibaut (AD 1772-1840) in seinen Selbstzeugnissen und Briefen. Teil 1: Abhandlung. Teil 2: Briefwechsel. Teil 3: Register zum Briefwechsel. 1982.

Band 14 Michael Wettengel: Der Streit um die Vogtei Kelkheim 1275-1276. Ein kanonischer Prozeß.1981.

Band 15 Otto Wilhelm Krause: Naturrechtler des sechzehnten Jahrhunderts. Ihre Bedeutung für die Entwicklung eines natürlichen Privatrechts. 1982.

Band 16 Helga Spindler: Von der Genossenschaft zur Betriebsgemeinschaft. Kritische Darstellung der Sozialrechtslehre Otto von Gierkes. 1982.

Band 17 Holger Otte: Gustav Radbruchs Kieler Jahre 1919 - 1926. 1982.

Band 18 Rüdiger Teuner: Die fuldische Ritterschaft 1510 - 1656. 1982.

Band 19 Gerhard Dilcher/Rudolf Hoke/Gian Savino Pene Vidari/Hans Winterberg (Hrsg.): Grundrechte im 19. Jahrhundert. 1982.

Band 20 Karl-Hans Schloßstein: Die westfälischen Fabrikengerichtsdeputationen - Vorbilder, Werdegang und Scheitern. 1982.

Band 21 Birger Schulz: Der Republikanische Richterbund (1921-1933). 1982.

Band 22 Engelbert Krause: Die gegenseitigen Unterhaltsansprüche zwischen Eltern und Kindern in der deutschen Privatrechtsgeschichte. 1982.

Band 23 Meent W. Francksen: Staatsrat und Gesetzgebung im Großherzogtum Berg (1806-1813). 1982.

Band 24 Gerd von Sonnleithner: Bearbeitung des Handelsrechts durch Ignaz von Sonnleithner in seinem "Leitfaden über das österreichische Handels- und Wechselrecht". 1982.

Band 25 Rudolf Palme: Rechts-, Wirtschafts- und Sozialgeschichte der inneralpinen Salzwerke bis zu deren Monopolisierung. 1983.

Band 26 Helen Bosshard: Pestalozzis Staats- und Rechtsverständnis und seine Stellung in der Aufklärung. 1983.

Band 27 Jens Jessen: Die Selbstzeugnisse der deutschen Juristen. Erinnerungen, Tagebücher und Briefe. Eine Bibliographie. 1983.

Band 28 Günter Martin Jensen: Das Domanium Waldeck. Die rechtliche Zuordnung eines Fürstenvermögens. 1984.

Band 29 Johann Heinrich Kumpf: Petitionsrecht und öffentliche Meinung im Entstehungsprozeß der Paulskirchenverfassung 1848/49. 1983.

Band 30 Sabine Frey: Rechtsschutz der Juden gegen Ausweisungen im 16. Jahrhundert. 1983.

Band 31 Dietrich Joswig: Die germanische Grundstücksübertragung. 1984.

Band 32 Andreas Baryli: Konzessionssystem contra Gewerbefreiheit. Zur Diskussion der österreichischen Gewerberechtsreform 1835 bis 1860. 1984.

Band 33 Gerhard Oberkofler: Studien zur Geschichte der österreichischen Rechtswissenschaft. 1984.

Band 34 Rudolf Lauda: Kaufmännische Gewohnheit und Burgrecht bei Notker dem Deutschen. Zum Verhältnis von literarischer Tradition und zeitgenössischer Realität in der frühmittelalterlichen Rhetorik. 1984.

Band 35 Jens Jensen: Die Ehescheidung des Bischofs Hans von Lübeck von Prinzessin Julia Felicitas von Württemberg-Weiltingen AD 1648-1653. Ein Beitrag zum protestantischen Ehescheidungsrecht im Zeitalter des beginnenden Absolutismus. 1984.

Band 36 Horst Schröder: Friedrich Karl von Savigny. Geschichte und Rechtsdenken beim Übergang vom Feudalismus zum Kapitalismus in Deutschland. 1984.

Band 37 Andreas Hatzung: Dogmengeschichtliche Grundlagen und Entstehung des zivilrechtlichen Notstands. 1984.

Band 38 Matthias Klasen: Das Billwerder Landrecht. Landrecht und Landgericht in den Hamburger Elbmarschen. 1985.

Band 39 Rainer Jamin: Aufbau, Tätigkeit und Verfahren der Auseinandersetzungsbehörden bei der Durchführung der preußischen Agrarreformen. 1985.

Band 40 Henry Winter: Teilschuld, Gesamtschuld und unechte Gesamtschuld. Zur Konzeption der §§ 420 ff. BGB - Ein Beitrag zur Entstehungsgeschichte des BGB. 1985.

Band 41 Hermann Eichler: Verfassungsbewegung in Amerika und Europa. 1985.

Band 42 Dagmar Bandemer: Heinrich Albert Zachariae. Rechtsdenken zwischen Restauration und Reformation. 1985.

Band 43 Eva-Christine Frentz: Das Hamburgische Admiralitätsgericht (1623-1811). Prozeß und Rechtsprechung. 1985.

Band 44 Karl Lillig: Rechtsetzung im Herzogtum Pfalz-Zweibrücken während des 18. Jahrhunderts. Ein Beitrag zur Geschichte der territorialen Rechtsbildung. 1985.

Band 45 Walter Weber: Die Entwicklung der Sparkassen zu selbständigen Anstalten des öffentlichen Rechts. Ein Beitrag zur Entwicklung des Anstaltsbegriffs im 19. Jahrhundert. 1985.

Band 46 Bärbel Baum: Der Stabreim im Recht. Vorkommen und Bedeutung des Stabreims in Antike und Mittelalter. 1986.

Band 47 Hans Popp: Die nationalsozialistische Sicht einiger Institute des Zivilprozeß- und Gerichtsverfassungsrechts. 1986.

Band 48 John Karl-Heinz Montag: Die Lehrdarstellung des Handelsrechts von Georg Friedrich von Martens bis Meno Pöhls. Die Wissenschaft des Handelsrechts im ersten Drittel des 19. Jahrhunderts. 1986.

Band 49 Volker D. Anhäusser: Das internationale Obligationenrecht in der höchstrichterlichen Rechtsprechung des 19. Jahrhunderts. 1986.

Band 50 Udo Beer: Die Juden, das Recht und die Republik. Verbandswesen und Rechtsschutz 1919-1933. 1986.

Band 51 Herbert Grziwotz: Der moderne Verfassungsbegriff und die 'Römische Verfassung" in der deutschen Forschung des 19. und 20. Jahrhunderts. 1986.

Band 52 Ralf Conradi: Karl Friedrich Eichhorn als Staatsrechtslehrer. Seine Göttinger Vorlesung über "Das Staatsrecht der deutschen Bundesstaaten" nach einer Kollegmitschrift aus dem Wintersemester 1821/22. 1987.

Band 53 Dieter Dannreuther: Der Zivilprozeß als Gegenstand der Rechtspolitik im Deutschen Reich 1871 - 1945. Ein Beitrag zur Geschichte des Zivilprozeßrechts in Deutschland. 1987.

Band 54 Stephan Felix Pauly: Organisation, Geschichte und Praxis der Gesetzesauslegung des (Königlich) Preußischen Oberverwaltungsgerichtes 1875 - 1933. 1987.

Band 55 Rüdiger Schulz: Die Entstehung des Seerechts des Allgemeinen Deutschen Handelsgesetzbuches unter besonderer Berücksichtigung der Bestimmungen über die Reederei, den Schiffer und die Schiffsmannschaft. 1987.

Band 56 Reinhold Reis: Deutsches Privatrecht in den Weistümern der Zenten Schriesheim und Kirchheim. 1987.

Band 57 Jürgen Christoph: Die politischen Reichsamnestien 1918 - 1933. 1987.

Band 58 Gerhard Oberkofler/Eduard Rabofsky: Hans Kelsen im Kriegseinsatz der k.u.k.-Wehrmacht. Eine kritische Würdigung seiner militärtheoretischen Angebote. 1988.

Band 59 Arne Wulff: Staatssekretär Prof. Dr. Dr. h.c. Franz Schlegelberger. 1876-1970. 1991.

Band 60 Gerhard Köbler (Hrsg.): Wege europäischer Rechtsgeschichte. Karl Kroeschell zum 60. Geburtstag. 1987.

Band 61 Rüdiger Hütte: Der Gemeinschaftsgedanke in den Erbrechtsreformen des Dritten Reichs. 1988.

Band 62 Markus Göldner: Politische Symbole der europäischen Integration. Fahne, Hymne, Hauptstadt, Paß, Briefmarke, Auszeichnungen. 1988.

Band 63 Wolfgang Kröner: Freiheitsstrafe und Strafvollzug in den Herzogtümern Schleswig, Holstein und Lauenburg von 1700 bis 1864. 1988.

Band 64 Werner Gaile: Die Norder Theelacht. 1988.

Band 65 Karl v. Kempis: Andreas Gaill (1526 - 1587). Zum Leben und Werk eines Juristen der frühen Neuzeit. 1988.

Band 66 Wolf-Rüdiger Osburg: Die Verwaltung Hamburgs in der Franzosenzeit. 1811-1814. 1988.

Band 67 Christian Schudnagies: Hans Frank. Aufstieg und Fall des NS-Juristen und Generalgouverneurs. 1988.

Band 89 Diethard Bühler: Die Entstehung der allgemeinen Vertragsschluß-Vorschriften im Allgemeinen Deutschen Handelsgesetzbuch (ADHGB) von 1861. Ein Beitrag zur Kodifikationsgeschichte des Privatrechts im 19. Jahrhundert. 1991.

Band 90 Gerhard Oberkofler: Die Vertreter des Römischen Rechts mit deutscher Unterrichtssprache an der Karls-Universität in Prag. Vom Vormärz bis 1945. 1991.

Band 91 Ulrich Andermann: Ritterliche Gewalt und bürgerliche Selbstbehauptung. Untersuchungen zur Kriminalisierung und Bekämpfung des spätmittelalterlichen Raubrittertums am Beispiel norddeutscher Hansestädte. 1991.

Band 92 Heinz Marcus Hanke: Luftkrieg und Zivilbevölkerung. Der kriegsvölkerrechtliche Schutz der Zivilbevölkerung gegen Luftbombardements von den Anfängen bis zum Ausbruch des Zweiten Weltkrieges. 1991.

Band 93 Kirsten Kraglund: Familien- und Erbrecht. Materielles Recht und Methoden der Rechtsanwendung in der Rechtsprechung des Oberappellationsgerichts der vier Freien Städte Deutschlands zu Lübeck. 1991.

Band 94 Reinhard Lorenz: Die politische und rechtliche Stellung des Proletariats in Preußen in der Zeit zwischen den Reformen und der Revolution 1848/49. 1991.

Band 95 Eric Hilgendorf: Die Entwicklungsgeschichte der parlamentarischen Redefreiheit in Deutschland. 1991.

Band 96 Hans J. Reiter: Die Handelsgesellschaft Villeroy & Boch von der Gründung 1836 bis zum Jahr 1878. 1992.

Band 97 Martin Johannes Heller: Reform der deutschen Rechtssprache im 18. Jahrhundert. 1992.

Band 98 Michael Kotulla: Die Tragweite der Grundrechte der revidierten preußischen Verfassung vom 31.01.1850. 1992.

Band 99 Michael Siefener: Hexerei im Spiegel der Rechtstheorie. Das crimen magiae in der Literatur von 1574 bis 1608. 1992.

Band 100 Andreas Ebert-Weidenfeller: Hamburgisches Kaufmannsrecht im 17. und 18. Jahrhundert. Die Rechtsprechung des Rates und des Reichskammergerichtes. 1992.

Band 101 Enno Bommel: Die Entstehung der Verwirkungslehre in der Krise des Positivismus. 1992.

Band 102 Ralph Steppacher: Die Berücksichtigung der bäuerlichen Postulate bei der Entstehung des ZGB und der Revision des OR. Ein Beitrag zur schweizerischen Kodifikationsgeschichte (1893 - 1912). 1992.

Band 103 Martin Fleckenstein: Die Todesstrafe im Werk Carl Joseph Anton Mittermaiers (1787 - 1867). Zur Entwicklungsgeschichte eines Werkbereichs und seiner Bedeutung für Theorie- und Methodenbildung. 1992.

Band 104 Jörn Eckert: Der Kampf um die Familienfideikommisse in Deutschland. Studien zum Absterben eines Rechtsinstitutes. 1992.

Band 105 Jörg Grotkopp: Beamtentum und Staatsformwechsel. Die Auswirkungen der Staatsformwechsel von 1918, 1933 und 1945 auf das Beamtenrecht und die personelle Zusammensetzung der deutschen Beamtenschaft. 1992.

Band 106 Andreas Rohde: Die Garantiehaftung des Vermieters und ihr Verhältnis zum Unmöglichkeitsrecht in dogmengeschichtlicher und modernrechtlicher Sicht. 1992.

Band 107 Tjark Siefke Kunstreich: Gesamtvertretung. Eine historisch-systematische Darstellung. 1992.

Band 108 Jürgen Krüger: Blindheit und Königtum. Die Blindheit des Königs Georg V. von Hannover als verfassungsrechtliches Problem. 1992.

Band 109 Wolfgang Putschek: Ständische Verfassung und autoritäre Verfassungspraxis in Österreich 1933-1938 mit Dokumentenanhang. Verfassung und Verfassungswirklichkeit. Mit einem Anhang: Denkschriften von Rechtsanwalt Dr. Erich Führer 1936/37. 1993.

Band 110 Klaus Hofmann: Die Verdrängung der Juden aus öffentlichem Dienst und selbständigen Berufen in Regensburg 1933-1939. 1993.

Band 111 Franz Kilger: Die Entwicklung des Telegraphenrechts im 19. Jahrhundert mit besonderer Berücksichtigung der technischen Entwicklung. Telegraphenrecht im 19. Jahrhundert. 1993.

Band 112 Wilhelm Brauneder (Hrsg.): Heiliges Römisches Reich und moderne Staatlichkeit. 1993.

Band 113 Thomas Heinrich: Das preußische Nichtehelichenrecht: Von der Aufklärung zur Reaktion. 1993.

Band 114 Gerald Kohl: Jagd und Revolution. Das Jagdrecht in den Jahren 1848 und 1849. 1993.

Band 115 Christian Schudnagies: Der Kriegs- oder Belagerungszustand im Deutschen Reich während des Ersten Weltkrieges. Eine Studie zur Entwicklung und Handhabung des deutschen Ausnahmezustandsrechts bis 1918. 1994.

Band 116 Elisabeth Bellmann: Die Internationale Kriminalistische Vereinigung (1889-1933). 1994.

Band 117 Julia Pfannkuch: Volksrichterausbildung in Sachsen 1945-1950. 1993.

Band 118 Jörg Offen: Von der Verwaltungsgemeinschaft des BGB von 1896 zur Zugewinngemeinschaft des Gleichberechtigungsgesetzes von 1957. 1994.

Band 119 Dorothee Kohlhas-Müller: Untersuchungen zur Rechtsstellung Theoderichs des Großen. 1995.

Band 120 Monika Rose: Das Gerichtswesen des Herzogtums Pfalz-Zweibrücken im 18. Jahrhundert. Ein Beitrag zur territorialen Gerichtsbarkeit im Alten Reich. 1994.

Band 121 Jörn Eckert / Hans Hattenhauer (Hrsg.): Bibel und Recht. Rechtshistorisches Kolloquium 9. - 13. Juni 1992 an der Christian-Albrechts-Universität zu Kiel. 1994.

Band 122 Robert Martin Mizia: Der Rechtsbegriff der Autonomie und die Begründung des Privatfürstenrechts in der deutschen Rechtswissenschaft des 19. Jahrhunderts. 1995.

Band 123 Walther Graf von Plettenberg: Das Fortleben des Liber Iudiciorum in Asturien/León (8. - 13. Jh.). 1994.

Band 124 Wolfgang Schulz: Das deutsche Börsengesetz. Die Entstehungsgeschichte und wirtschaftlichen Auswirkungen des Börsengesetzes von 1896. 1994.

Band 125 Frank Hagemann: Der Untersuchungsausschuß Freiheitlicher Juristen. 1949 – 1969. 1994.

Band 126 Andreas Rethmeier: "Nürnberger Rassegesetze" und Entrechtung der Juden im Zivilrecht. 1995.

Band 127 Edith Grether: Die Poesie der Throne. Die Juristen in der Fruchtbringenden Gesellschaft. 1995.

Band 128 Anna Bartels-Ishikawa: Der Lippische Thronfolgestreit. Eine Studie zu verfassungsrechtlichen Problemen des Deutschen Kaiserreiches im Spiegel der zeitgenössischen Staats. 1995.

Band 129 Jörg Schmidt: Otto Koellreutter 1883-1972. Sein Leben, sein Werk, seine Zeit. 1995.

Band 130 Christian Hattenhauer: Wahl und Krönung Franz II. AD 1792. Das Heilige Reich krönt seinen letzten Kaiser - Das Tagebuch des Reichsquartiermeisters Hieronymus Gottfried von Müller und Anlagen. 1995.

Band 131 Jutta v. der Decken: Das Seearbeitsrecht im Hamburger Stadtrecht von 1301 bis 1603. 1995.

Band 132 Detlev Schmidt: Die Reform des Rechts der Handelsvertreter von 1953. 1995.

Band 133 Gabi Roßdeutscher: Privatautonomie im Scheidungsrecht. Scheidungsbezogene Vereinbarungen in den letzten 200 Jahren. 1995.

Band 134 Harald Kahlenberg: Leben und Werk des Rechtshistorikers Walther Merk. Ein Beispiel für das Verhältnis von Rechtsgeschichte und Nationalsozialismus. 1995.

Band 135 Michael Steitz: Adelbert Düringer am Reichsgericht (1902-1915). Seine aktienrechtlichen Entscheidungen und sein Einfluß auf das Aktienrecht in Deutschland. 1995.

Band 136 Christian Becker: Beata Justorum Translatio. Juristen in schleswig-holsteinischen Leichenpredigten. 1996.

Band 137 Christoph Seiler: Vom Allgemeinen Landrecht zum Bürgerlichen Gesetzbuch. Dargestellt am Beispiel der höchstrichterlichen Judikatur zum kaufrechtlichen Sachmängelgewährleistungsrecht. 1996.

Band 138 Bernd Mayer: Die Vertrauensmännerausschüsse auf den preußischen Steinkohlegruben an der Saar. Entstehung und Wirken. Eine rechtshistorische Untersuchung. 1996.

Band 139 Rochus Scholl: Juden und Judenrecht im Herzogtum Pfalz-Zweibrücken. Ein Beitrag zur Rechtsgeschichte eines deutschen Kleinstaates am Ende des alten Reiches. 1996.

Band 140 Meike Bursch: Judentaufe und frühneuzeitliches Strafrecht. Die Verfahren gegen Christian Treu aus Weener/Ostfriesland 1720-1728. 1996.

Band 141 Markus Hillenbrand: Fürstliche Eheverträge. Gottorfer Hausrecht 1544 - 1773. 1996.

Band 142 Ulf Häder: Das gemeinschaftliche Oberappellationsgericht thüringischer Staaten in Jena. Ein Beitrag zur Geschichte des Gerichtswesens im 19. Jahrhundert. 1996.

Band 143 Andreas Bauer: Das Gnadenbitten in der Strafrechtspflege des 15. und 16. Jahrhunderts. Dargestellt unter besonderer Berücksichtigung von Quellen der Vorarlberger Gerichtsbezirke Feldkirch und des Hinteren Bregenzerwaldes. 1996.

Band 144 Christian Wirth: Der Jurist Johann Andreas Georg Friedrich Rebmann zwischen Revolution und Restauration. 1996.

Band 145 Stefanie Müller: Die Rechtsprechung des Hanseatischen Oberlandesgerichts zum persönlichen Eherecht in Hamburgischen Gerichtsfällen von 1879 -1900. 1996.

Band 146 Jean-Nicolas Morisset: Der Frachtvertrag in der *Ordonnance de la marine* von 1681. 1996.

Band 147 Dirk Lentfer: Die Glogauer Landesprivilegien des Andreas Gryphius von 1653. 1996.

Band 148 Wencke Mull: Die Haftung für Einsturzschäden nach den §§ 836-838 BGB in der Rechtsprechung des Reichsgerichts. 1996.

Band 149 Renate Zelger: Teufelsverträge. Märchen, Sage, Schwank, Legende im Spiegel der Rechtsgeschichte. 1996.

Band 150 Guido Kraß: Das Arrestverfahren in Frankfurt am Main im Spätmittelalter. 1996.

Band 151 F. Benedict Heyn: Die Entwicklung des Eisenbahnfrachtrechts von den Anfängen bis zur Einführung des Allgemeinen Deutschen Handelsgesetzbuches (ADHGB). 1996.

Band 152 Thomas Lang: Die Staats- und Verfassungslehre Carl Salomo Zachariaes. 1996.

Band 153 Michael Hebeis: Karl Anton von Martini (1726-1800). Leben und Werk. 1996.

Band 154 Gerald Hubert: Die Diskussion um die rechtliche Natur der Bizone in den Jahren 1947-1949. 1996.

Band 155 Christof Horn: Die Rechtsprechung des Reichsgerichts in Ehescheidungssachen der Jahre 1900 bis 1905. 1996.

Band 156 Hermann Nehlsen / Georg Brun (Hrsg.): Münchener rechtshistorische Studien zum Nationalsozialismus. 1996.

Band 157 Jan Otto Clemens Kehrberg: Die Entwicklung des Elektrizitätsrechts in Deutschland. Der Weg zum Energiewirtschaftsgesetz von 1935. 1997.

Band 158 Johannes Tradt: Der Religionsprozeß gegen den Zopfschulzen (1791-1799). Ein Beitrag zur protestantischen Lehrpflicht und Lehrzucht in Brandenburg-Preußen gegen Ende des 18. Jahrhunderts. 1997.

Band 159 Dietmar Olsen: Das kaufrechtliche Sachmängelgewährleistungsrecht des Code civil in der Rechtsprechung deutscher Gerichte im 19. Jahrhundert. Ein Beitrag zur Ablösung der Partikularrechte durch das BGB. 1997.

Band 160 Ulrich Bernhardt: Die Deutsche Akademie für Staats- und Rechtswissenschaft „Walter Ulbricht" 1948-1971. 1997.

Band 161 Claudia Susan Hoppe: Die Bürgschaft im Rechtsleben Hamburgs von 1600 bis 1900. 1997.

Band 162 Franz-Rudolf Ecker: Die Entwicklung des Bergrechts im Saarbrücker Steinkohlenrevier bis zum Ende des 18. Jahrhunderts. Ein Vergleich mit dem älteren deutschen Bergrecht. 1997.

Band 163 Anne Katrin Rückert: Politik und Privatrecht in der „konservativen Revolution". 1997.

Band 164 Gisbert Laube: Der Reichskunstwart. Geschichte einer Kulturbehörde 1919-1933. 1997.

Band 165 Nicolas Lührig: Die Diskussion über die Reform der Juristenausbildung von 1945 bis 1995. 1997.

Band 166 Regula Gerber Jenni: Die Emanzipation der mehrjährigen Frauenzimmer. Frauen im bernischen Privatrecht des 19. Jahrhunderts. 1997.

Band 167 Mischa A. Färber: Das gemeinschaftliche Testament in der höchstrichterlichen Rechtsprechung zum Allgemeinen Preußischen Landrecht und zum BGB. Ein Beitrag zur Ablösung der Partikularrechte durch das BGB. 1997.

Band 168 Catherine Antoinette Gasser: Philipp Lotmar 1850-1922. Professor der Universität Bern. Sein Engagement für das Schweizerische Arbeitsrecht. 1997.

Band 169 Lars Immisch: Der sozialistische Richter in der DDR und seine Unabhängigkeit. Der Versuch eines Rechtsvergleiches zum Unabhängigkeitsbegriff in der bundesdeutschen Rechtsordnung. 1997.

Band 170 Jessica Jacobi: Besitzschutz vor dem Reichskammergericht. Die friedenssichernde Funktion der Besitzschutzklagen am Reichskammergericht im 16. Jahrhundert, dargestellt anhand von Kameralisten. 1998.

Band 171 Ewald Hügemann: Die Geschichte des öffentlichen und privaten Mietpreisrechts vom Ersten Weltkrieg bis zum Gesetz zur Regelung der Miethöhe von 1974. 1998.

Band 172 Lutz Rentzow: Die Entstehungs- und Wirkungsgeschichte der Vernewerten Landesordnung für das Königreich Böhmen von 1627. 1998.

Band 173 Sabine Stürmer: Mühlenrecht im Herzogtum Pfalz-Zweibrücken während des 18. Jahrhunderts. Ein Beitrag zum Wirtschaftsrecht eines deutschen Kleinstaates im Alten Reich. 1998.

Band 174 Mario Bogisch: *Nemo testis in re sua*. Das Problem der Zeugnisfähigkeit bei der Anwendung der deutschen Zivilprozeßordnung von 1877. 1998.

Band 175 Rainer Oßwald: Pactane sunt servanda? Freiwilligkeit, Zwang und Unverbindlichkeitserklärungen im islamischen Vertragsrecht malikitischer Schule. 1998.

Band 176 Bettina Kern: Der preußische BGB-Entwurf von 1842. 1998.

Band 177 Inken Fuhrmann: Die Diskussion über die Einführung der fakultativen Zivilehe in Deutschland und Österreich seit Mitte des 19. Jahrhunderts. 1998.

Band 178 Annette Rieck: Der Heilige Ivo von Hélory (1247-1303). Advocatus pauperum und Patron der Juristen. 1998.

Band 179 Frank Bottenberg: Die Hamburgische Strafprozeßordnung von 1869. 1998.

Band 180 Matthias Krauß: Das kursächsische Postrecht von seinen Anfängen bis zum Ende des Alten Reichs. 1998.

Band 181 Torsten Schmidt: Die Entmündigung von den Anfängen des BGB bis zu ihrer Ablösung durch das Institut der Betreuung. 1998.

Band 182 Christian Nunn: Rudolf Müller-Erzbach. 1874-1959. Von der realen Methode über die Interessenjurisprudenz zum kausalen Rechtsdenken (Leben und Werk). 1998.

Band 183 Christian Ortloff: Das staatskirchenrechtliche System Wilhelm Traugott Krugs. Glaubens- und Gewissensfreiheit – eine Forderung der Vernunft. 1998.

Band 184 Christian Hattenhauer: Schuldenregulierung nach dem Westfälischen Frieden. Der sog. § *de indaganda* und seine Umsetzung im Jüngsten Reichsabschied (AD 1648 und 1654). 1998.

Band 185 Werner Schubert: Preußen im Vormärz. Die Verhandlungen der Provinziallandtage von Brandenburg, Pommern, Posen, Sachsen und Schlesien sowie – im Anhang – von Ostpreußen, Westfalen und der Rheinprovinz (1841-1845). 1998.

Band 186 Silvia Schumacher: Das Rechtsverhältnis zwischen Eltern und Kindern in der Privatrechtsgeschichte. 1999.

Band 187 Kai Sommer: Die Strafbarkeit der Homosexualität von der Kaiserzeit bis zum Nationalsozialismus. Eine Analyse der Straftatbestände im Strafgesetzbuch und in den Reformentwürfen (1871-1945). 1998.

Band 188 Jan Erik Backhaus: Volksrichterkarrieren in der DDR. 1999.

Band 189 Ralf Ruhnau: Die Fürstlich Thurn und Taxissche Privatgerichtsbarkeit in Regensburg. Ein Kuriosum der deutschen Rechtsgeschichte. 1999.

Band 190 Antonio Grilli: Die französische Justizorganisation am linken Rheinufer 1797-1803. 1999.

Band 191 Stephanie Kammerloher-Lis: Die Entstehung des Gesetzes über die religiöse Kindererziehung vom 15. Juli 1921. 1999.

Band 192 Jan Telp: Ausmerzung und Verrat. Zur Diskussion um Strafzwecke und Verbrechensbegriffe im Dritten Reich. 1999.

Band 193 Kurt von Pannwitz: Die Entstehung der Allgemeinen Deutschen Wechselordnung. Ein Beitrag zur Geschichte der Vereinheitlichung des deutschen Zivilrechts im 19. Jahrhundert. 1999.

Band 194 Sylvia Busch: Die Entstehung der Allgemeinen Gerichtsordnung für die Preussischen Staaten von 1793/95. Ein Beitrag zur Geschichte der Kodifikationsbewegung und der Reform des Zivilprozesses in Preußen im 18. Jahrhundert. 1999.

Band 195 Dirk Bieresborn: Klage und Klageerwiderung im deutschen und englischen Zivilprozeß. Eine rechtshistorische und rechtsvergleichende Untersuchung unter besonderer Berücksichtigung der Beeinflussung durch das römisch-kanonische Verfahren. 1999.

Band 196 Andreas Thier / Guido Pfeifer / Philipp Grzimek (Hrsg.): Kontinuitäten und Zäsuren in der Europäischen Rechtsgeschichte. Europäisches Forum Junger Rechtshistorikerinnen und Rechtshistoriker München 22.-24. Juli 1998. 1999.

Band 197 Franz Smola: Die Fürstlich Liechtenstein'sche Kunstsammlung. Rechtsfragen zur Verbringung der Sammlung von Wien nach Vaduz in den Jahren 1944/45. 1999.

Band 198 Frank Martin Krauss: Das geteilte Eigentum im 19. und 20. Jahrhundert. Eine Untersuchung zum Fortbestand des Teilungsgedankens. 1999.

Peter Lang · Europäischer Verlag der Wissenschaften

Ausschüsse für Strafprozeßrecht und Strafrechtsangleichung (1934-1941)

Herausgegeben und mit einer Einleitung versehen von Werner Schubert

Frankfurt/M., Berlin, Bern, New York, Paris, Wien, 1998. XXVIII, 635 S.
Akademie für Deutsches Recht 1933-1945. Protokolle der Ausschüsse.
Herausgegeben von Werner Schubert. Bd. VII
ISBN 3-631-32758-7 · geb. DM 198.–*

Der Band dokumentiert die Beratungen und Verhandlungsergebnisse des Ausschusses der Akademie für Deutsches Recht für Strafprozeßrecht und des Ausschusses für die Strafrechtsangleichung zwischen dem Altreich und den Reichsgauen der Ostmark. Unter dem Vorsitz der Professoren Friedrich Oetker, August Schoetensack und des Grafen Gleispach verfolgten die Ausschüsse eine – gegenüber den Entwürfen des Reichsjustizministeriums zu einem neuen Strafverfahrensgesetz und den Parteigremien der NSDAP – im ganzen gemäßigtere Linie (Widerstand gegen außerordentliche Rechtsmittel und den Wegfall des Vorverfahrens). Insgesamt folgte der Ausschuß der Konzeption eines autoritären Strafprozesses mit scharfer Trennung zwischen dem staatsanwaltschaftlichen Vorverfahren und dem richterlichen Hauptverfahren. Die Einleitung des Herausgebers erschließt die Verhandlungsergebnisse und die Biographien der Ausschußmitglieder.

Aus dem Inhalt: Themen der strafprozessualen Reformdiskussion unter dem Nationalsozialismus: Staatsanwaltschaftliches Ermittlungsverfahren · Wegfall des Eröffnungsbeschlusses · Stellung des Richters im Hauptverfahren · Führerprinzip · Verhältnis der Staatsanwaltschaft zur Polizei · Laienrichterbeteiligung · Stellung des Verteidigers · Rechtsmittelsystem · Rechtsanalogie in der Praxis · Friedensrichter · Erweiterung des Wiederaufnahmeverfahrens

Frankfurt/M · Berlin · Bern · New York · Paris · Wien
Auslieferung: Verlag Peter Lang AG
Jupiterstr. 15, CH-3000 Bern 15
Telefax (004131) 9402131
*inklusive Mehrwertsteuer
Preisänderungen vorbehalten

Printed by
CPI books GmbH, Leck

FSC
www.fsc.org
MIX
Papier | Fördert gute Waldnutzung
FSC® C083411

Kolibri 360 GmbH
Ferdinand-Jühlke-Straße 7
99095 Erfurt, Deutschland
produktsicherheit@kolibri360.de